山と食欲と私 公式

野鮎美《のあゆみ》+なかまたちのはんレシピ2

信

修

山と溪谷社

もくじ

鮎美の山ごはんレシピ

コラム

鮎美のお弁当系レシピ

なかまたちの山ごはんレシピ

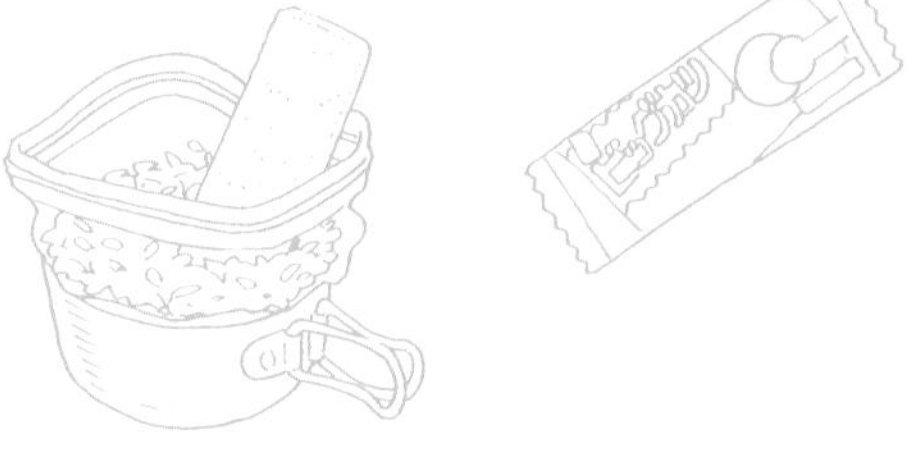

データ

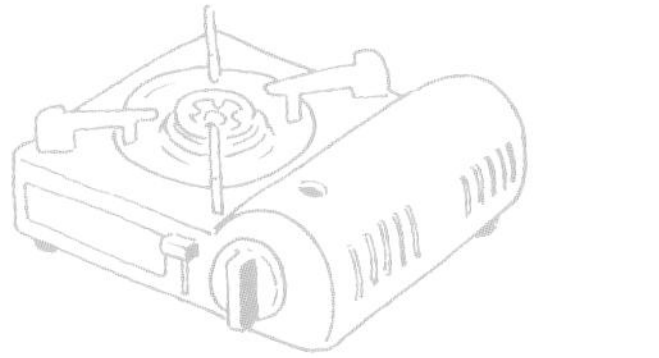

プロフィル

本書について

この本は、漫画『山と食欲と私』のコミックス⑨〜⑪巻に収録されている全34話から、主人公・日々野鮎美が作る山ごはんを中心に選び、実際に調理してレシピ化したものです。①〜⑧巻の全91話のうち前作『日々野鮎美の山ごはんレシピ』に未収録だったメニュー、雑誌やウェブでの『山と食欲と私』関連企画で発表されたメニュー、そしてオリジナルの新作も加えて、全51品を紹介しています。

　メニューによっては、作品のなかでは詳しい作り方が示されていない自家製の食材・食品などについて、別ページで補足的にそのレシピを掲載しているものもあります。

　基本的には、作品内で紹介されたメニューを忠実に再現するように努めていますが、味つけや彩り、食材調達の利便性などから、フードコーディネーターの意見を参考にアレンジを加えているものもあります。

メニュー名
作品内のメニュー登場のコマで表現された呼称を基本的に使用

材料の計量目安
- 大さじ1…15mℓ（cc）
- 小さじ1…5mℓ（cc）
- 1合…180mℓ（cc）

メニューの種類
- ごはんや餅を使ったもの
- 主食以外のおかず
- パンやパン生地を使ったもの
- デザートやおやつ
- ラーメンやパスタなどの麺類
- 飲み物

事前準備／弁当
自宅での下準備・下ごしらえの有無や弁当・自宅での食事

アイテム
丸鍋（コッヘル）とフライパン以外に必要な調理用具の有無と用具名

調理時間
山での調理時間。事前の準備は含まず

難易度
★　少ない材料で手軽にできる。山ごはんビギナー向き

★★　調理は難しくはないが、簡単な準備や炊飯がある

★★★　調理の段取りが重要。山行前に仕込みが必要な場合が多い

★★★★　難易度やや高め。一度ではコツがつかみづらい場合も

★★★★★　鮎美レベルの腕前が必要。仕上がりの美しさにもこだわる

かき揚げライスバーガー

▼ホットサンドメーカー

調理時間 20分

難易度 ★★

材料（1〜2人分）

ごはん…250〜300g
市販のかき揚げ…1個
サラダ油…少々
天つゆ…適量

作り方

❶ ホットサンドメーカーにサラダ油を薄く塗り、ごはんの半量を隙間なく詰める。
❷ かき揚げをのせて残りのごはんを広げてはさみ、両面を弱めの中火で焼く。
❸ ごはんの表面が板状にこんがり焼けたら半分に切って、天つゆを添える。

❷ 四隅までごはんをしっかり詰めてかき揚げをのせる

❸ 上下を返しながら焼き、焼き目をつける

アドバイス

ホットサンドメーカーは直火式のシングルタイプを使用します。1分ずつなど時間を決めて両面を同じように焼くと焦げの防止になります。天つゆはミニボトルに入れて持ち運びを。

10巻 105話／しみしみのかき揚げライスバーガー　久しぶりにホットサンドメーカーを持参。が、焼いたライスバーガーにかける

鮎美の山ごはんレシピ

ごはん、ラーメン、パスタにパン。
鮎美ちゃんのさまざまなアイデアが詰まった、
おひとりさま向け山ごはん。
『山と食欲と私』にこれから登場する新作も紹介しているので、
漫画よりも先に山で作って味わってみよう！

日々野鮎美（ひびの・あゆみ）

27歳、とある会社の総務部経理課で働く会社員。東京都在住。人見知りのため職場では目立たないようにしているが、ほぼ毎週末、登山に出かけては山ごはんを楽しんでいる。単独登山女子を名乗る『山と食欲と私』主人公。

▼メスティン・小型ロースター

メスティンで焼く「パンパンパン」

調理時間
70分

難易度
★★
★★★

＊発酵・冷蔵・持ち歩き時間を除く

デニッシュのような、
ちぎりパン4種。
しょっぱいものも
甘いものも
交互に食べた～い！

材料
（メスティン1個分）

強力粉…140g
塩…小さじ1/2弱
砂糖…12g
牛乳…90 mℓ
インスタントドライイースト
…3g
バター…15g
バター（パン生地に塗る）…15g

具材

A　チョコチップ＋ミックスナッツ（あらく砕く）…大さじ1強
B　ベーコン＋チーズ（細かく切る）…大さじ1強
C　枝豆（薄皮を除いて半分に割る）＋塩少々を混ぜたコーン…大さじ1強
D　りんご（皮をむいて小さめの角切り）…大さじ1強
砂糖+シナモンパウダー…適量

作り方

自宅で準備すること

❶ボウルに人肌（38℃前後）に温めた牛乳とドライイーストを入れて混ぜ合わせ、さらに砂糖を入れて軽く混ぜる。強力粉と塩を合わせたものを加えて混ぜ、粉っぽさがなくなったらひとまとめにする。

❷ボードの上でしばらくこねたら、室温でやわらかくしたバターを加えて弾力がでるまでさらにこね、ひとまとめにしてボウルに戻し、ラップをかけ2倍の大きさになるまで発酵させる（一次発酵）。

❸❷の生地をげんこつでつぶしてガスを抜き、ラップをかけ10分おく（ベンチタイム）。

❹打ち粉をしたボードの上で、めん棒を使って縦18㎝、横28㎝の長方形にのばす。

❺生地の上1㎝を残して溶かしバターを塗り、縦4列にA～Dの具材をのせて手前からくるくると巻き、形を整える。

メスティンで焼くパンです成功したときの喜びは格別です！

アドバイス

外気温や移動時間により二次発酵の具合は変わります。保冷剤を当てるなどして発酵を調整しましょう。自宅のオーブンで焼く場合は「冷蔵」の工程を省きます。二次発酵させたら180℃に予熱したオーブンで20分を目安に焼きます（オーブンに入れる際はメスティンのハンドルを外すこと）。

のばした生地にハケで溶かしバターを塗る

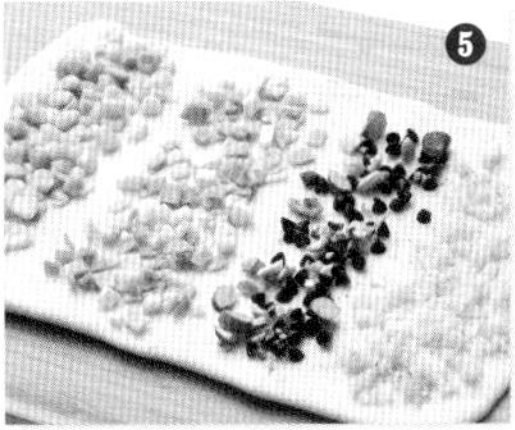

細かく切ったA～Dの具材を縦4列に手早く並べる

空気を入れないように強めに巻き始める

❻包丁で8等分に切り、クッキングシートを敷いたメスティンに、切り口を上にして手早く詰める。

❼ふた（油を塗っておくとパンがくっつかない）をして冷蔵庫で保存する（前日）。

❽山に行く日に冷蔵庫から取り出し、保冷バッグに入れる。山歩き中に少しずつ二次発酵が進む。1・5倍ぐらいの大きさにふくらむのが目安。

山での調理

❾ストーブにロースターをのせ、ふたをしたまま弱火で10分ほど焼く。ひっくり返してふたの面を10分ほど焼き、側面も焼く。

❿ふたを取り、パンを取り出してクッキングシートをはがす。

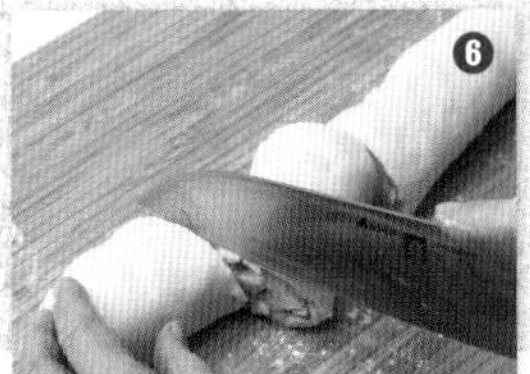

包丁を一気に引く

断面を上にして並べておく

クッキングシートを敷いてから生地を詰める

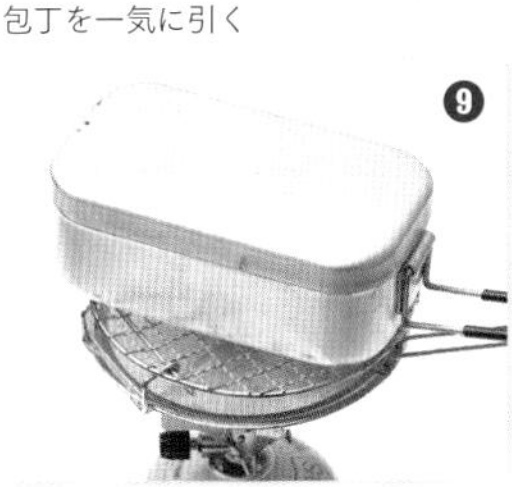

ストーブにロースターをのせて弱火で焼く

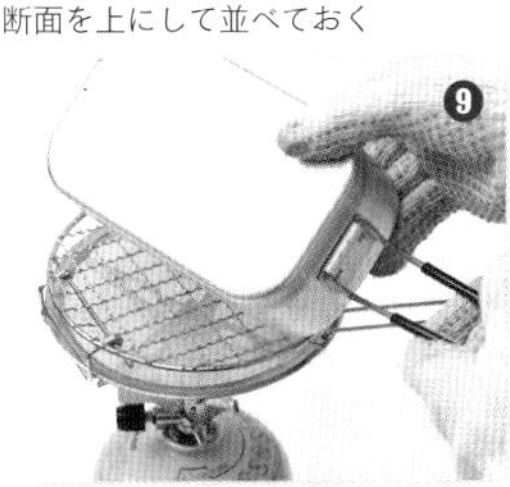

メスティンを回転させるには軍手が必須

ザ・もちザニア

▼メスティン

調理時間 15分

難易度 ★

鮎美ちゃん新作メニュー②
じゃがりことお餅でラザニアっぽくしてみました！

材料（1～2人分）

スライス餅…9枚
レトルトのミートソース…130g（1人分）
スライスチーズ…2枚
じゃがりこ…1箱
牛乳…大さじ5

作り方

❶ メスティンにじゃがりこを並べて入れ、牛乳を注ぐ。

❷ ミートソースの4分の1量を入れ、スライス餅を3枚並べることを繰り返す。

❸ いちばん上にスライスチーズを並べ、ふたをして10分ほど弱火にかける。

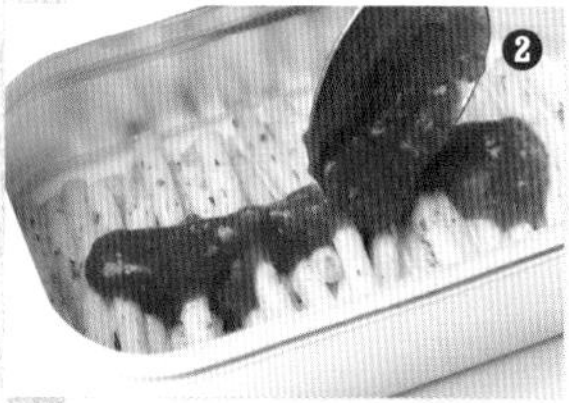

牛乳に浸したじゃがりこにミートソースをかける

繰り返して層を作る

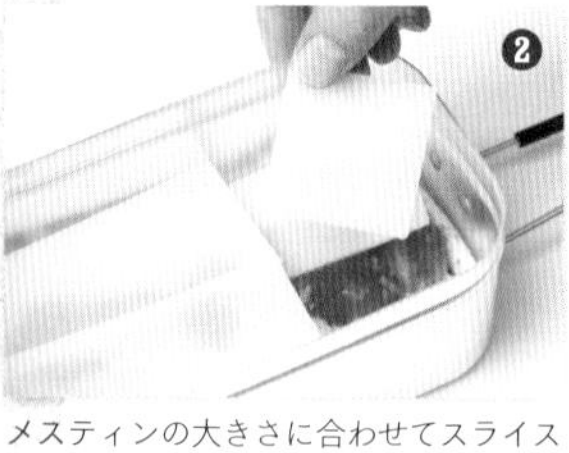

メスティンの大きさに合わせてスライス餅を重ねる

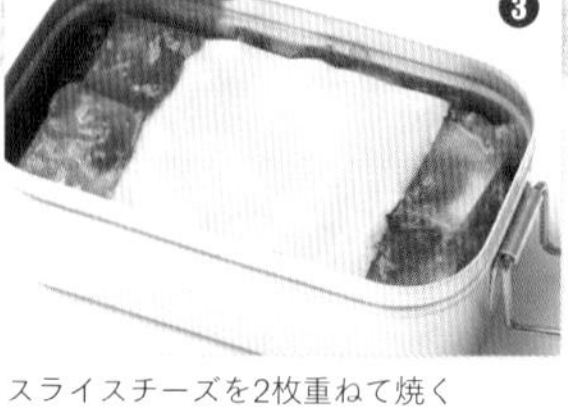

スライスチーズを2枚重ねて焼く

アドバイス

すぐにやわらかくなるスライス餅を利用しました。底が焦げやすいので弱火で焼きましょう。

じゃがりこが
マッシュポテトに
変身！
クリーミーな
ミートソース味

テント泊やキャンプの夜にウィスキーのほろ苦さが絶妙

甘酒ウィスキー

調理時間 5分

難易度 ★★★★★

鮎美ちゃん新作メニュー③

大人っぽい味で体がとても温まりますよ！

材料（1人分）

甘酒
…1パック（または1缶）
ウィスキー…適量

作り方

❶コッヘルに甘酒を入れて弱火にかけ、沸騰しない程度に温める。

❷ウィスキーを加えて軽く温め、火を止める。

❷
温めた甘酒にウィスキーを入れる

アドバイス

甘酒は125〜190㎖の紙パックか缶入りが1回分として最適。ウィスキーはミニボトルが持ち運びに便利です。

山と食欲と私をちゃんと楽しむための用具①
メスティン

①巻11話の「オイルサーディン丼」で初めて使われてから10回以上登場、鮎美ちゃんお気に入り用具筆頭のメスティン。前作『日々野鮎美の山ごはんレシピ』でも紹介したとおり、メスティン／messtinは飯ごうを意味する一般名詞です。日本では、スウェーデンのトランギア社が製作する取っ手付きアルミ製飯ごうをメスティンと呼んでいます。

炊飯だけでなく、多様な煮炊きができ、また同じトランギア社のアルコールストーブ（P30参照）との相性もいいメスティン。なつかしい感じのするシンプルなアルミ無垢地は焦げつきや凹みができやすく、使い込むほどに味わいが出て親しみがわいてきます。近ごろは、登山者やキャンパーによるメスティンを使った料理が大人気。価格もリーズナブルなので、ぜひ手に入れてメスティン料理を楽しんでください。

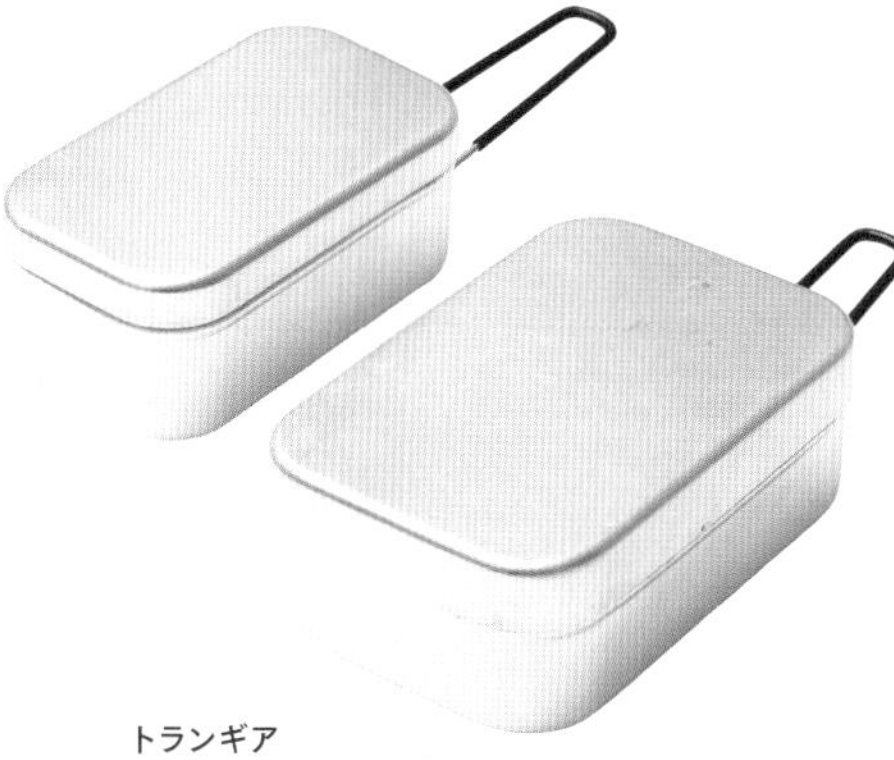

トランギア
メスティン TR-210／ラージメスティン TR-209
ノーマルと比較して容量約2倍のラージ。3.5合まで炊飯可能
サイズ：17×9.5×6.2㎝（750㎖）／20.7×13.5×7㎝（1350㎖） 重さ：150g／270g 価格：1600円＋税／2500円＋税

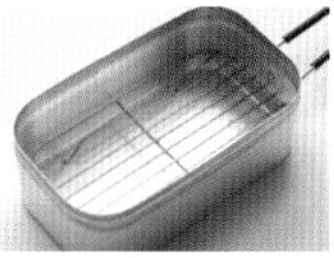

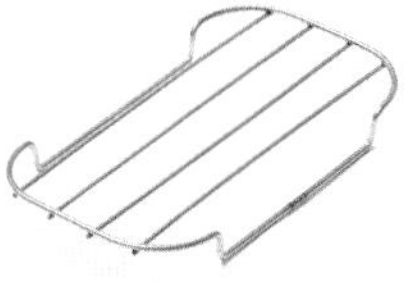

トランギア
メスティン用SSメッシュトレイ TR-SS210
メスティンを蒸し器にできる便利なオプション。ラージ用もあり
サイズ：15.8×8.8×1.2㎝ 重さ：約35g 価格：750円＋税

『メスティン自動レシピ』
メスティン愛好会 著／山と溪谷社 刊 価格：1300円＋税（電子書籍版もあり）
万能クッカー・メスティンに材料を入れたら、固形燃料に着火してできあがりを待つだけ！ ほったらかしで料理ができる簡単レシピ集。

掲載の情報は2020年1月10日時点のものです。サイズや重量などの情報は誤差が生じる場合があります。
商品情報：イワタニ・プリムス https://www.iwatani-primus.co.jp/

『日々野鮎美の山ごはんレシピ』では、⑧巻84話「酒粕味噌に漬け込んだ鶏胸肉のぴちぴちメスティン蒸し」を紹介

にんにく効いてるぅ〜♪
うんま〜〜〜い

冷凍の炒飯&餃子セット

材料(1人分)

冷凍炒飯…150g
冷凍餃子…5個
水を凍らせた500mℓのペットボトル
…1本

作り方

自宅で準備すること

❶ 冷凍炒飯と冷凍餃子は、ジッパー付き保存袋にそれぞれ移し替える。

❷ 保冷バッグに、水を凍らせたペットボトルと❶を入れる。

山での調理

❸ フライパンに炒飯を入れて炒めて食べる。

❹ 同じフライパンに餃子を並べ、水を少し入れて焼く。

❶
炒飯
450g

必要な分だけジッパー付きバッグに移し替える

❷

水を凍らせたペットボトルを保冷剤代わりに

調理時間 10分

難易度 ★☆☆☆☆

アドバイス

写真では一緒に盛りつけていますが、炒飯と餃子を順に食べながら作るレシピです。アウトドア用の皿があると、餃子を蒸し焼きにするときにふたとして使えます。

こぼさないように混ぜながらサッと数分炒めるだけ
ふわあ
炒飯できた〜っ
ああ

8巻 **91話／冷凍の炒飯&餃子セット** 道に迷い、予定外に避難小屋で一泊することとなった鮎美。工夫して持参した冷凍食品の餃子と炒飯で満足な夕食を終えたが…

冷凍食品の活用で
失敗知らずの
ラクラク山ごはん

おふもち焼き

▼シェラカップ

調理時間 15分

難易度 ★★☆☆☆

重《おも》うまっ！
おほーっ
私はとんでもないパワーレシピを開発してしまった！

お好み焼きより手軽！
だしを含んだお麩がうまっ

材料(1人分)

車麩…1枚
水…適量
顆粒だし…小さじ1/4
マヨネーズ　適量
豚バラ肉…3枚
スライス餅…4枚
桜えび…適量
卵…1個
お好み焼きソース…適量
青のり…適量
削り節…適量

作り方

❶フライパンに顆粒だし、少量の水を入れて火にかけ、沸騰する直前に弱火にして車麩を入れる。

❷数分後、ほどよく水分を吸った車麩をカップに取り置く。

❸フライパンにマヨネーズ（5㎝分）を入れ、豚肉を弱火で焼き、スライス餅を並べ、桜えびを散らす。

❹❸に❷の車麩を重ね、卵を割り入れ、火加減を調節しながらすべての具材がくっつくように焼く。

❺裏返して、お好み焼きソース、マヨネーズ、青のり、削り節を好みでかける。

❶ 少なめの水に顆粒だしを入れて車麩を戻す

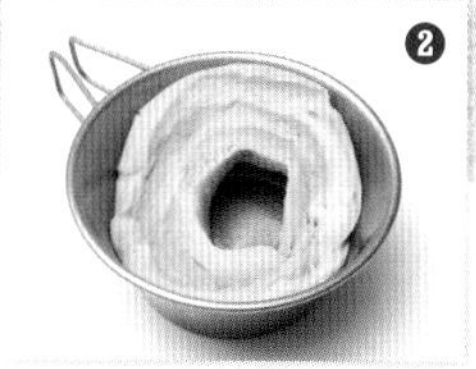

❷ 戻した車麩をカップにデポする

❹ 豚肉、スライス餅、桜えびの上に車麩をのせる

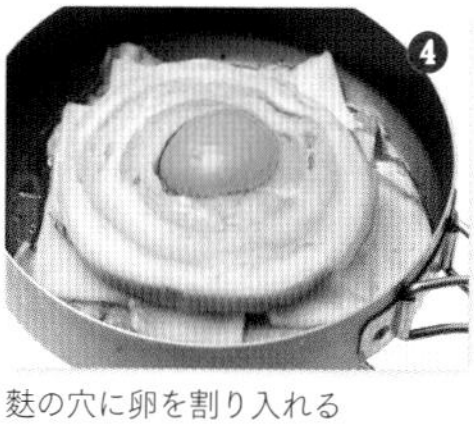

❹ 麩の穴に卵を割り入れる

9巻

92話／重圧のおふもち焼き　母の再婚相手・猪口雅俊から車麩がどっさり届いた。早速、週末に山で麩を使った新料理に挑戦

ジュワアアアアア
お麩にお餅に お肉に玉子！ ヘヴィー級の食材で 空きっ腹に ずっしりパンチ！
どこからどう切っても ハイカロリー 問答無用の エネルギー料理の完成だ
お好み焼き…ならぬ
おふもち焼き！
いただきまぁす！

アドバイス

車麩は高たんぱくで低脂質。保存がきいて軽いので山ごはんに重宝する食材です。麩のグルテンが強いので、食べるときはナイフがあると切りやすいでしょう。

キムチチゲラーメン

調理時間 5分

難易度 ★★

持ち運びしやすい食材で速攻！山ラーメン

テント泊装備のため食料はシンプルにインスタントラーメンにフリーズドライのキムチチゲを加えて
はうぅ～…辛うまであったまる～…

1巻

8話／星降る夜のホットワイン

10月上旬、山は冬の始まり。シンプルなラーメンに一工夫の夕食後、テントで凍える夜を迎えた

材料(1人分)

マルタイラーメン…1束
フリーズドライのキムチチゲ…1個
湯…300㎖

作り方

1. コッヘルに湯300㎖を沸かし、麺を入れて3分ゆで、火を止める。
2. 粉末スープ3分の1量、調味油1袋、フリーズドライのキムチチゲを入れてかき混ぜる。

アドバイス

テント泊など食料計画をコンパクトにしたいときは、棒ラーメンとフリーズドライ食品が便利です。キムチチゲの味に合わせて粉末スープの量を加減してください。

山と食欲と私を
ちゃんと楽しむための用具②
フライパン

基本的な登山用の調理用具としてコッヘル（クッカー。登山用の小型鍋）を所有している人は多いでしょうが、コッヘルを使っての料理は茹でるか煮るかのメニューになりがちです。フライパンがひとつあるだけで、炒めものや焼きものなど、山ごはんの幅をグッと広げることができます。

山用のフライパンはアルミなど軽量な素材で作られていて、サイズは家庭用より小さめの16〜20㎝ほど。ハンドルは折りたたみ式や取り外し式で、バックパックにコンパクトに収納できます。

ぜひ一緒にそろえたいのがフライパンのサイズに合わせた「ふた」です。ぴったりのふたがあればご飯も炊けますから、さらに便利に使えるのです。調理用具をフライパンひとつにしぼり、夏山をテント泊縦走する登山者もいるようです。

ユニフレーム
山フライパン 17㎝／山フライパン 17㎝深型
フッ素加工で手入れが簡単。深型は深さが6.5㎝あり、汁物も作りやすい。収納ケース付属
サイズ：約φ17×4㎝（約800㎖）／約φ17×6.5㎝（約1300㎖）　重さ：約170g／約205g　価格：ともに2954円（税込み）

ユニフレーム
山リッドSUS
山フライパン専用（深型共通）ふたで料理の幅が広がる。ステンレス製
サイズ：約φ16.9×2.6（高さ）㎝　重さ：約115g
価格：1527円（税込み）
＊フライパンは別売り

『日々野鮎美の山ごはんレシピ』では、⑤巻53話「焦がしメープルシロップの塩フレンチトースト」などで使用

『フライパンで山ごはん』
ワンダーフォーゲル編集部、山ごはん研究会 編／山と溪谷社 刊　価格：1200円＋税
山用のフライパンをフル活用した、おいしい・簡単・シンプルな山ごはんレシピ集。続編『フライパンで山ごはん②』も発売中。

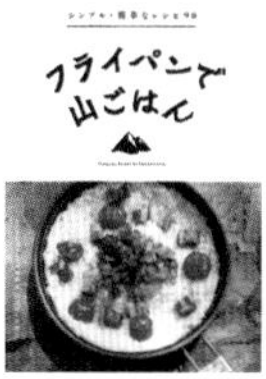

掲載の情報は2020年1月10日時点のものです。サイズや重量などの情報は誤差が生じる場合があります。
商品情報：ユニフレーム（新越ワークス）　https://www.uniflame.co.jp/

あさり缶with白ワイン&バター

調理時間 5分

難易度 ★★★

缶詰を
じんわり湯せん
のんびりした
時の流れを
楽しもう

全体が温まったらお湯から上げて出来上がり
ふあ
あ
あ
あ
あ
お酒のおつまみに最高 あさり缶 with 白ワイン&バター 完成〜!

9巻

94話/甲斐駒&仙丈縦走編①あさり缶with白ワイン&バター　栄螺と邂逅する鮎美。互いの食事を意識するが

材料(2人分)

あさり水煮缶…1缶
白ワイン…大さじ1
バター(チューブ入り)…2cm(5g)

作り方

1. あさりの缶詰を開け、汁の半分を別容器に移す。
2. 1の缶に白ワインとバターを入れる。
3. ミニクッカーに2を缶ごと入れ、缶が半分ひたるくらいまで水を入れて中火〜弱火で湯せんする。全体が温まったら湯から引き上げる。

缶を温めることにロマンがあるんです

アドバイス

あさり水煮缶の残り汁は、アルファ化米を戻すときに活用し、あさり風味のごはんで〆ます。缶ごと湯せんで後片付けが楽チン!

きのこと豆のスープパスタ

小腹がすいたときにすぐに食べられる山パスタ

調理時間 3分

難易度 ★★★★★

ふわーあぁ
私は…
あぁ
早茹でクルルとフリーズドライのスープを使ったきのこと豆のスープパスタ！

9巻

95話／甲斐駒＆仙丈縦走編②ビッグカツカレーメシ　無事に甲斐駒に登頂した鮎美たち。山頂からの絶景の下、用意したメニューは…

材料（1人分）

早ゆでクルル…30g
フリーズドライのきのこスープ…1個
ドライパックの豆…15g
湯…適量

作り方

1. コッヘルに湯を沸かし、フリーズドライのきのこスープを入れて混ぜる。
2. 早ゆでクルルを加えて1分30秒ほど煮る。
3. 2にドライパックの豆を散らす。

アドバイス

味がよくからむらせん状のマカロニ「早ゆでクルル」は、ゆで時間が1分30秒という画期的な短さ。フリーズドライのスープと一緒に煮るだけでスピーディーに食べられます。

アルファ米赤飯＋ちび餅

調理時間 25分

難易度 ★

材料(1人分)

アルファ化米お赤飯…100g
ちびころ餅…5個
フリーズドライのなすのみそ汁…1個
湯…適量

作り方

❶ コッヘルに、アルファ化米の袋の表示よりやや多めの湯を用意し、ちびころ餅を弱火で1分煮る。

❷ ❶を餅ごと赤飯の袋に入れてジッパーを閉めて20分置き、付属の塩をふる。

❸ カップにフリーズドライのなすのみそ汁を入れ、湯を注いで混ぜて赤飯に添える。

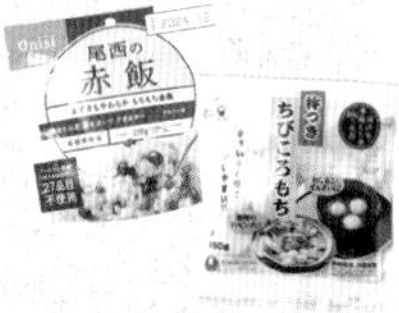

尾西の
赤飯
ちびころもち

❶
あればコッヘルにふたをして沸かすと早く湯が沸く

❶
餅を先にゆでておくと芯が残らない

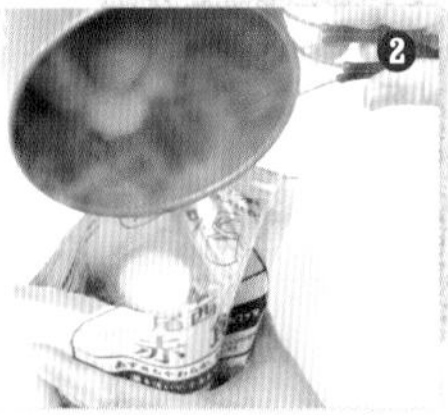
❷
餅のゆで汁でアルファ化米を戻す

アドバイス

赤飯に小さな丸餅を加えた簡易で腹持ちのいい山メシです。すぐにやわらかくなるスライス餅を手で小さくして加えても。その場合は、袋に直接入れて赤飯と一緒に戻してOKです。

9巻 95話／甲斐駒＆仙丈縦走編②ビッグカツカレーメシ　再会した鮎美と香山栄螺は翌日甲斐駒をめざすことに。せわしない早朝、栄螺の食事を横目に鮎美が準備したのは…

鮎美《あゆみ》の朝ごはん
フリーズドライの茄子の味噌汁
アルファ米の赤飯＋ちび餅
チラリ
和食いいね…落ち着きそう…

軽量食材で
エネルギーアップ！
腹持ちのいい
餅入りお赤飯
（出発時間は）5時（でいい）？
トイレに行く人
んん
まだたべる人

女王ラーメン

調理時間
5

易度
★★★

乾燥野菜をトッピングした彩り豊かな山ラーメン

トマトスープの赤いドレスに舞う野菜チップスが百花繚乱のお花畑の如し！
ふぁぁぁぁぁ
ヘルシーさと華やかさを併せ持つこのラーメンをこの山頂で食す！
名付けて女王ラーメン
いただきま～～～す！

9巻
97話／甲斐駒＆仙丈縦走編④花咲く女王ラーメン
「南アルプスの女王」と呼ばれる仙丈ヶ岳に無事登頂した鮎美。山にちなんだ新ラーメンメニューに満足

材料（1人分）

インスタントラーメン…1袋
フリーズドライのトマトスープの素…1個
乾燥野菜チップス…適量
湯…適量

トマト

作り方

❶コッヘルに少なめの湯を沸かし、インスタントラーメンを半分に割って入れ、弱火にする。

❷ラーメンに付属の粉末スープ半量を加える。

❸フリーズドライのトマトスープの素を加えて混ぜ、乾燥野菜チップスをトッピングする。

アドバイス

乾燥野菜チップスや乾燥野菜は、道の駅や都道府県のアンテナショップで見つけたときに買っておいて。山ラーメンの具のバリエーションが広がります。

ご来光スープ

だしのうまみと梅干しの塩けでシャキッと元気がわいてくる

調理時間 3

難易度 ★

インスタントのふわふわ玉子のスープを雲海にそして梅干しを太陽に見立てて…
ご来光スープ いただきます…

9巻

101話／鮎美の富士山リベンジ編①成長のご来光スープ

2度目の富士登山。日の出を眺め、温かいスープをすする

材料(1人分)

フリーズドライのかき卵スープ…1個

梅干し…1個

湯…適量

作り方

❶ コッヘルに湯を沸かす。

❷ フリーズドライのかき卵スープを入れて混ぜる。

❸ 梅干しを真ん中に落とす。

アドバイス

和風のかき卵スープと梅干しは相性のいい組み合わせです。炭水化物をとりたいときは、すぐに火が通るスライス餅をプラスしましょう!

雲海や あ、雲海や 雲海や
鮎美
んっ…
ぱっ

+ITEM ▼メスティン・網・クッキングシート

栗とさつま芋の蒸しご飯
〜季節の野菜と鶏だんごを添えて〜

包み蒸しで
ふっくら！
温かい弁当が
いつでもどこでも

調理時間 分

難易度 ★★★

*自宅での準備時間を除く

耐熱クッキングペーパーで包む
底にはアミ

材料
(作りやすい分量)

白米…2合
むき栗…100g
さつまいも…100g

A
- 酒…大さじ1
- みりん…大さじ1/2
- 塩…小さじ1
- だし昆布…5㎝角1枚

れんこん(輪切り)…1㎝
ブロッコリー…2房
鶏だんご(市販品)…4〜5個
塩…適量
水…70㎖

作り方

自宅で準備すること

❶ 米を洗い、かぶるくらいの水に30分ほど浸す。

❷ さつまいもは1〜1.5㎝角に切り、水にさらす。むき栗は大きいものは半分に切る。

❸ 炊飯器に水をきった米、Aの調味料を入れて、2合の目盛りまで水を入れてひと混ぜし、さつまいもとむき栗をのせて普通に炊く。

❹ れんこん、ブロッコリーは食べやすい大きさに切って塩ゆでする。

❺ クッキングシートで栗とさつまいもの蒸しごはん、鶏だんご、❹を包んで網を敷いたメスティンにセットする。

山での調理

❻ 火にかける前にメスティンの底に少量の水を入れ、ふたをして5分ほど蒸す。

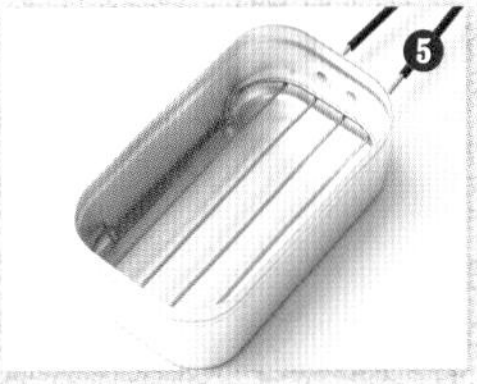
メスティンに網を敷く

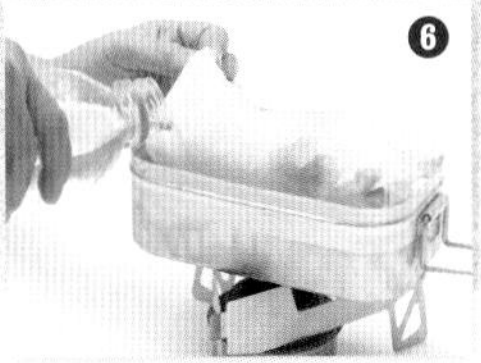
包みを軽く持ち上げ、水を注ぎ入れる

さつまいもごはんと加熱した具を包んで出発

アドバイス

弁当の温め直しのテクニック。アウトドアで炊飯の手間なく温かいごはんが食べられる。鶏だんごは加熱済みの加工品を使います。

9巻 **103話/アルストは黙して語れり** 山中の湖畔でアルコールストーブを初めて使う鮎美。メスティンに入れたお弁当を温めながら、自然の音を聴く

寒い季節に嬉しいメスティン蒸し第3弾!
ほわ
あぁ
秋は身も心もこんなふうにホックホクでいたいよね…
あぁ
あ
栗とさつま芋の蒸しご飯
～季節の野菜と鶏だんごを添えて～

トランギア
アルコールバーナー TR-B25
タンクに3分の2の燃料で約25分間燃焼するロングセラーの「アルスト」。タンク、タンク用ふた、消火・火力調整用ふたの3つがセットになる
サイズ：φ7.5×4.5㎝　重量：110g　価格：2500円＋税

トランギア
トライアングルグリッドII型
TR-P302
3枚のステンレスプレートの先端を差し込み、組み立てて使うTR-B25専用ゴトク。シンプルな構造でコンパクトに収納できる。ケース付き
重さ：58g　価格：1900円＋税　＊アルコールバーナーは別売り

トランギア社の「ツンドラ3ミニ ブラックバージョン」のソースパン（φ15㎝）との組み合わせ例。コンパクトなTR-B25を収納して持ち運んでもいい

掲載の情報は2020年1月10日時点のものです。サイズや重量などの情報は誤差が生じる場合があります。
商品情報：イワタニ・プリムス　https://www.iwatani-primus.co.jp/

山と食欲と私をちゃんと楽しむための用具③
アルコールストーブ

P28で紹介している⑨巻103話の「栗とさつま芋の蒸しご飯」で、鮎美ちゃんが使っているのがアルコールストーブ（バーナー）。ガスストーブと比べて火力調整がしづらいなどの点はあるものの、シンプルな構造で軽量・コンパクト、燃料がドラッグストアなどで入手しやすい、必要な分だけ燃料を分けて持っていける、といったメリットがあり、UL（ウルトラライト、超軽量）系の登山者に人気です。

なにより、漫画でも描かれているとおり、アルコールは燃焼中でもほぼ無音。料理中に周囲の自然の音が耳に入ってくるという「やさしさ」もポイントなのかもしれません。トランギア社以外のメーカーからも製品はリリースされていて、便利に使うためのオプションも豊富に用意されていますが、鍋を載せるためのゴトクは必携です。

『日々野鮎美の山ごはんレシピ』では、④巻41話「鷹桑オリジナルチーズフォンデュ」で使用

+ ITEM ▼ミニロースター

ホッケの一夜干し

調理時間 10分

難易度 ★

うまみが凝縮した干物とじっくり向き合う豊かな時間

10巻 **111話／夢語りの春ボッケ** 将来を見定めんとする学生の言葉にひっかかりを感じた鮎美。山でホッケを炙りつつ、自分は何者かを自問自答する

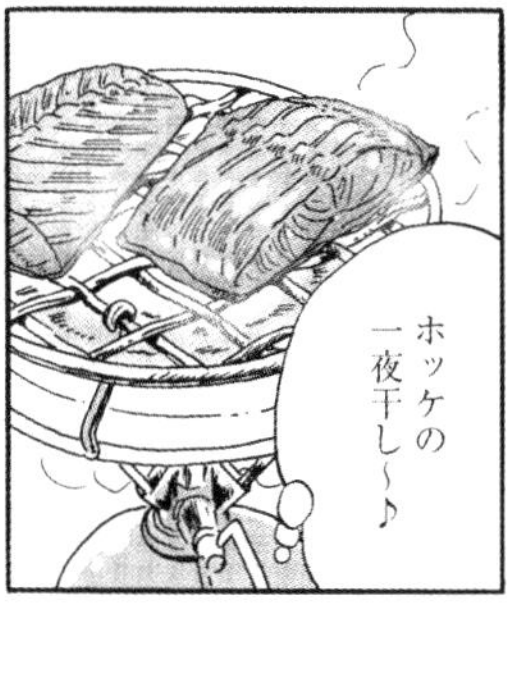

材料（1～2人分）

ホッケの一夜干し…小2切れ

作り方

❶ロースターを温め、ホッケは皮を下にして中火で焼く。

❷皮がパリッとして身のほうがふっくらしてきたら、ひっくり返して身のほうを焼く。

アドバイス

ロースターを温めてからホッケをのせると皮が網にくっつきにくくなります。何度もひっくり返すと身が崩れるので、じっくり焼いてください。

かき揚げライスバーガー

▼ホットサンドメーカー

材料（1～2人分）

ごはん…250～300g
市販のかき揚げ…1個
サラダ油…少々
天つゆ…適量

作り方

❶ ホットサンドメーカーにサラダ油を薄く塗り、ごはんの半量を隙間なく詰める。

❷ かき揚げをのせて残りのごはんを広げてはさみ、両面を弱めの中火で焼く。

❸ ごはんの表面が板状にこんがり焼けたら半分に切って、天つゆを添える。

❷ 四隅までごはんをしっかり詰めてかき揚げをのせる

❸ 上下を返しながら焼き、焼き目をつける

アドバイス

ホットサンドメーカーは直火式のシングルタイプを使用します。1分ずつなど時間を決めて両面を同じように焼くと焦げの防止になります。天つゆはミニボトルに入れて持ち運びを。

調理時間 20分

難易度 ★★

10巻 105話／しみしみのかき揚げライスバーガー　久しぶりにホットサンドメーカーを持参。が、焼いたライスバーガーにかける天つゆがザック内でしみ出して大惨事に!

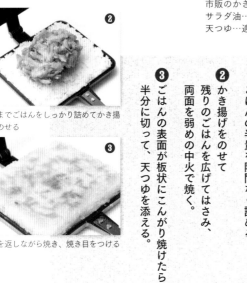

かき揚げ
ライスバーガー♡
できちゃった
ライスバンズが絶妙
ボリューム満点で
腹持ちよし

ご当地缶詰の
炊き込みごはん
米さえあれば
楽しさ無限大!

めんたいツナの炊き込みご飯

+ITEM ▼フライパンのふた

調理時間 45分

難易度 ★★★

材料(1人分)

無洗米…1合(150g)
めんたいとツナの缶詰…1缶
水…230mℓ
刻み海苔…適量

めんツナかんかん

作り方

❶ フライパンに無洗米と水を入れ、30分ほど浸水させる。

❷ ❶にめんたいとツナの缶詰を加え、ふたをして強めの中火にかける。

❸ 沸騰したら弱火にして6分炊く。火を止めて5分蒸らし、刻み海苔を散らす。

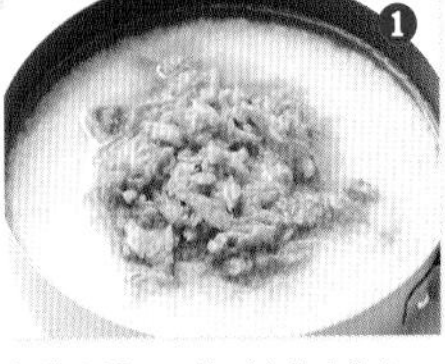
❶

缶詰を開けて汁ごと炊き込む

アドバイス

ご当地缶詰を炊き込みごはんにすると山旅の楽しさが広がります。スーパーでくまなくチェックを! 普通のツナ油漬け缶で炊く場合は、しょうゆをプラスして。

10巻 **113話/九州大分・くじゅう編②めんたいツナ缶の炊き込みご飯** 亡父の影をたどり九州へ。登山前の朝食にご当地食材をアレンジ

ということで
いただいた缶詰を
ガパッと
炊き込んで
ふあ
めんたいツナの炊き込みご飯!
いただきます!
あ
あ

山と食欲と私を ちゃんと楽しむための用具④
ホットサンドメーカー

食パンの間に具材をはさんでふたを閉じたら、あとは両面を数分焼くだけ。アツアツのホットサンドは一度食べたらやみつきになるおいしさです。

キャンプにはいいけど、登山に持っていくには重いのでは…と思われがちですが、ホットサンドメーカーとして名が知られるバウルーの製品はアルミダイキャスト製で、シングルタイプの重量は450g。日帰りハイキングや1泊程度の登山であれば気にならない重さでしょう。

⑩巻105話「かき揚げライスバーガー」（P32）で鮎美ちゃんが実践しているように、はさんで焼くものはパンでなくてもかまいません。また、レトルトパックのごはんを温めたり、生めんを炒めたり…。ホットサンドメーカーをふたつきの小さなフライパンと考えれば、楽しみ方が広がります。

バウルー
サンドイッチトースター・シングル

ホットサンドメーカーの代名詞的商品。製品はひとつひとつ職人の手作業で仕上げられている。軽量かつシンプルな構造で、アウトドアでホットサンドを楽しむのに最適。フッ素樹脂加工の表面はこびりつきにくく、手入れが簡単

サイズ：14.2×35×3.6㎝　重さ：450g　価格：4950円（税込み）

『バウルー公認! アウトドアでホットサンド』
蓮池陽子 著／山と溪谷社刊　価格：1400円+税
簡単に手に入る素材の意外な組み合わせがおいしい! 山やキャンプ、もちろん自宅でも楽しめるホットサンド80品の最新レシピ集。

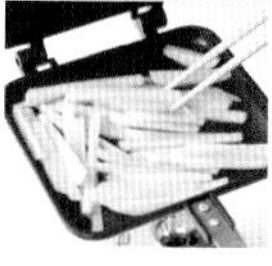

『日々野鮎美の山ごはんレシピ』では、②巻13話「フライドポテトのホットサンド」で使用。炒めものや焼きものもできる

掲載の情報は2020年1月10日時点のものです。サイズや重量などの情報は誤差が生じる場合があります。
商品情報：イタリア商事 https://www.italia-shoji.com/store/

とり天うどん

調理時間 5

難易度 ★

その土地の
名物を山旅で
味わい尽くす

鶏肉の消費量が日本で5本の指に入る大分県！名物・とり天をとりだしうどんにON！
ふぁ
ああ
甘辛のれんこんきんぴらを添えて…
簡単で美味い・イズ・ザ・正義
とり天うどん
完成っ
ああ

10巻 112話／九州大分・くじゅう編①とり天うどんともつ鍋　昔、父が訪れた九州・坊ガツル。避難小屋で会った夫妻に大分名物をふるまわれる

材料(1人分)

とり天…2本
ゆでうどん…1玉
うどんつゆ(添付の鶏だし)…1袋
水…適量
れんこんのきんぴら(食べやすく切る)
　…適量

作り方

❶ フライパンにうどんつゆと水を入れて火にかける。

❷ 沸騰したらうどんを入れて1分ほど煮る。

❸ とり天をのせてひと煮したら、れんこんのきんぴらを添える。

アドバイス

炭水化物＋たんぱく質＋脂質でしっかりエネルギーを補給します。食物繊維を多く含むれんこんのきんぴらを合わせることで腹持ちもよくなります。

おぉっ　ほほぉっ
肉汁がじゅわ～っと
うまい!!
初めての九州の味
明日からの山登りに気合が入りますね

れんこんのきんぴら

調理時間 8分

難易度 ★★☆☆☆

材料
（作りやすい分量）

れんこん水煮…150g
ごま油…小さじ2
赤唐辛子（輪切り）…適量
しょうゆ…小さじ2
砂糖…小さじ1
みりん…小さじ1
酒…小さじ1

作り方

❶ フライパンにごま油を入れて熱し、水けをよくきったれんこんを炒める。

❷ 赤唐辛子、しょうゆ、砂糖、みりん、酒を入れて水分がなくなるまで炒める。

アドバイス

炒めすぎるとれんこんの食感がなくなるので手早く仕上げます。生のれんこんから作る場合は、調理前に薄い酢水に浸し、あくぬきをしてから使ってください。

ウヒヒヒ
ウヒヒヒヒ……
むぎゅ
ぎゅう

ぎゅうパンチョコバナナ

＋ITEM ▼小型ロースター

調理時間 20分

難易度 ★★★

溶けたチョコと
バナナがとろ～り
甘い世界の
とりこに

材料
（1～2人分）

食パン（極厚切り）…1枚
バナナ…1本
板チョコ（ブラック）…1枚

作り方

❶食パンにナイフで切り込みを入れ、指で押し開けて中にスペースを作る。
❷バナナは輪切り、板チョコは手で割り、❶に詰めて両手で軽くはさんでなじませる。
❸ロースターにのせて両面を弱火でこんがり焼く。

アドバイス

バナナとチョコを詰めるとき、パンが裂けないよう丁寧に。安定したところにセッティングし、パンが転がらないように気をつけてください。

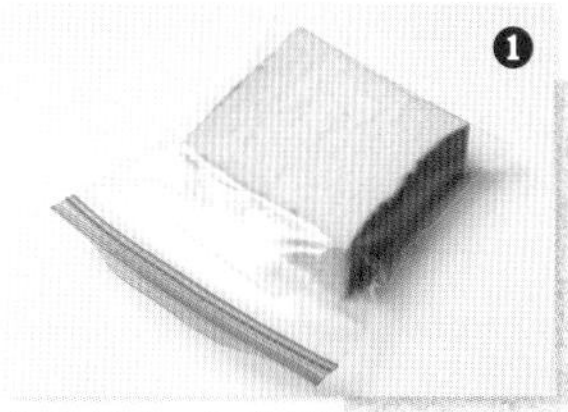
❶
食パンはジッパー付き保存袋に入れて持ち運ぶ

❶
ナイフで切り込みを入れる

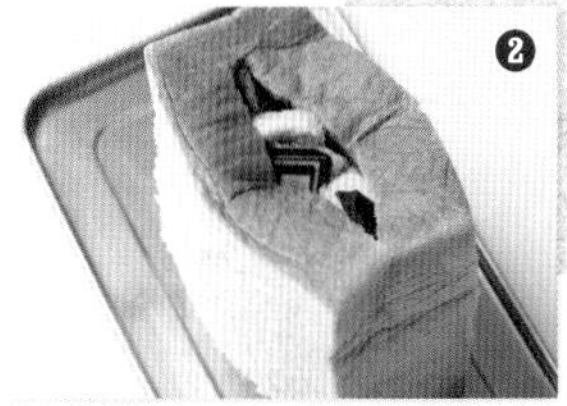
❷
バナナと板チョコを詰めて焼く前の状態

❸
じっくり時間をかけて焼く

両面をこんがり焼いて
中までじっくり温めたらカリカリもっちり完成～～～！
ぎゅうパンチョコバナナ！

11巻 119話／限界!ぎゅうパンチョコバナナ　鮎美行きつけのパン屋でも電子決済が可能に。だが、山で現金のないランナーが鮎美に助けを求め…

火山丼

▼フライパンのふた

ラー油としょうゆがジュワッ
絶品TKG

調理時間 45分

難易度 ★★★

お醤油をまわしかけて出来上がり！
半熟卵のマグマが山頂火口からとろとろ〜♪
火山丼
トロロ〜ン
いただきます！

11巻

116話／軽井沢・浅間山編②マグマとろとろ火山丼　噴火警戒中の浅間山。火山を感じながら鮎美が考えたメニューは…

材料(1人分)

無洗米…1合(150g)
水…230mℓ
小袋のラー油…1袋
半熟卵…1個
しょうゆ…少々

作り方

❶ フライパンに無洗米と水を入れ、30分ほど浸水させる。

❷ ふたをして強めの中火にかける。沸騰したら弱火にして6分炊く。火を止めて5分蒸らす。

❸ ごはんが熱いうちに山状に盛り、真ん中にくぼみを作ってラー油をたらす。

❸ 半熟卵をのせ、しょうゆを回しかける。

アドバイス

ごはんにくぼみを作ると、半熟卵が安定します。豪快にかき混ぜてお召し上がりください。

マグうま！

山と食欲と私を
ちゃんと楽しむための用具⑤
ロースター

耐熱メッシュが炎を熱に変換するため、焦げつきにくい

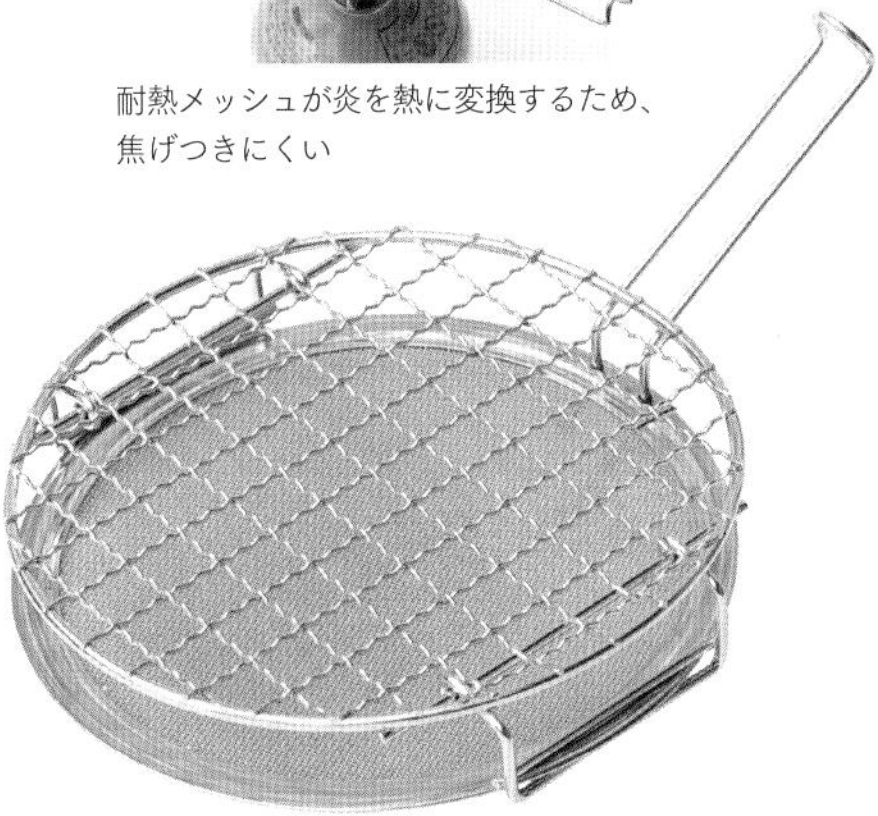

ユニフレーム　ミニロースター
小型クッカーに収納でき、コンパクトに持ち運べるロースター。下部の特殊耐熱メッシュは炎を熱に変えるバーナーパッドとして、上部の網部を取り付ければソロバーベキューの焼き網として使える
サイズ：約φ15×1.5㎝（収納時）　重さ：約135g
価格：1833円（税込み）

家庭用の「ロースター」とは、肉や魚などの炙り焼きに使う調理器具です。上方や側方から輻射熱で焼くようになっていますが、アウトドア向けのものは、ガスストーブなどの強い火力の炎が食材に直に当たって焦げないような構造をもった、特殊な焼き網です。

通常の金属網の下にもう1枚、耐熱の金属メッシュ（下網）がセットされていて、メッシュが炎を受け止めて熱に変換する役目をし、その輻射熱でじっくりと焼けるようになっています。

⑪巻119話の「ぎゅうパンチョコバナナ」(P38) など、山でパンをトーストしたり、焼きおにぎりや餅を焼いたりする際でも焦げつきにくく、ひとつ持っているととても重宝します。

耐熱とはいえ、下網のメッシュに汚れが付着したまま使い続けたり、強火にかけたりすると網が破損することがありますから、注意しましょう。

『日々野鮎美の山ごはんレシピ』では、③巻32話「上高地名物おやき」や⑥巻66話「炙りチャーシュー」で使用

掲載の情報は2020年1月10日時点のものです。サイズや重量などの情報は誤差が生じる場合があります。
商品情報：ユニフレーム（新越ワークス）https://www.uniflame.co.jp/

残雪そうめん

調理時間
6

難易度
★☆☆☆☆

＊自宅での準備とそうめんを茹でて冷やす時間を除く

山で手際よく
作る秘訣は
家での
下準備にあり

うまい！
温度差がいい仕事してる

材料(1人分)

そうめん…2束
豚薄切り肉…60g
赤・黄パプリカ(幅1cmに切る)…各1/4個
ピーマン(幅1cmに切る)…1/2個
なす(厚さ1cmの輪切り)…2枚
ズッキーニ(厚さ1cmの輪切り)…3枚
そうめんつゆ…適量
水…適量
オリーブ油…大さじ1
塩・こしょう…少々

作り方

自宅で準備すること

❶豚肉を食べやすい大きさに切り、ラップで包んで冷凍する。

❷ジッパー付き保存袋に野菜を入れ、❶もラップごと入れる。

❸そうめんはゆでて水けをよくきり、ジッパー付き保存袋に入れる。

❹空のミニペットボトルにそうめんのつゆを入れ、水で割る。

山での調理

❺雪があれば❸を埋めて冷やす。

❻フライパンにオリーブ油を入れて熱し、❷を炒め、塩・こしょうをふる。

❼❹を加えてひと煮したら火を止め、❺を軽くほぐしながら加える。

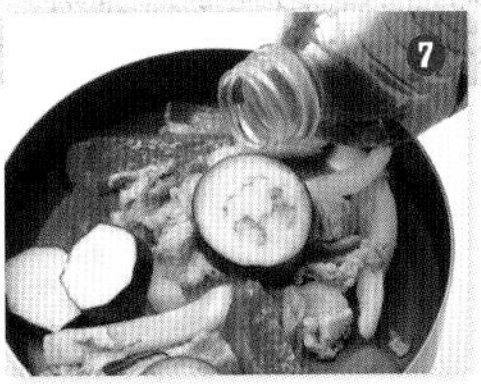

めんつゆはミニペットボトルで持ち運ぶと便利

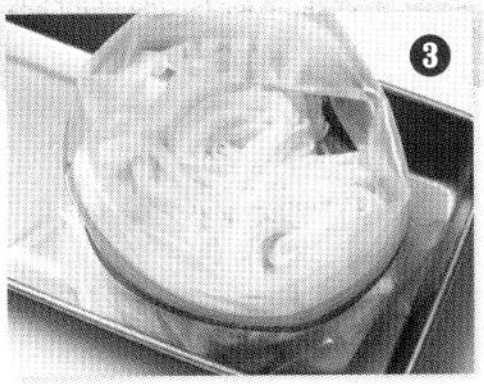

そうめんは少量ずつ2本の指にからみつけて丸くまとめて袋に

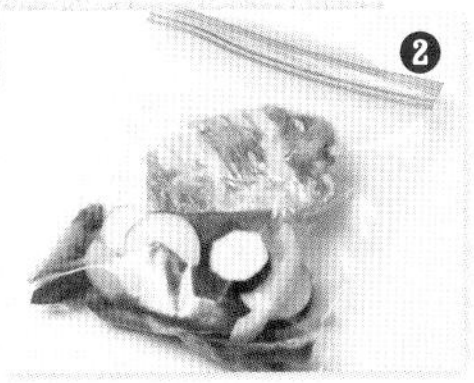

凍らせた豚肉を保冷剤がわりにしてカット野菜と一緒に

アドバイス

そうめんはゆでて水けをよくきっておくと、のびにくくなります。ゆでたものを持参することで時短で調理でき、水も節約できます。牛肉やラムの薄切りでのアレンジも楽しんで。

11巻 118話/ひやあつ残雪そうめん
趣味への温度差で失恋したという小松原鯉子の話を聞く鮎美。山でカップルを横目に、鮎美は温度差を利用した料理を作る

雪で冷やしていたのは『そうめん』!
味付けはめんつゆにお任せ 夏野菜しみしみの熱々つけ汁につけていただく
ひやあつ残雪そうめん
※そうめんは自宅で茹でて水で締め、水気を切って持参する

うどんナポリタン〈ウドナポ〉

調理時間 7分
難易度 ★

※自宅での準備時間を除く

次の土曜日
ウドナポを食べに行きましょう
山の上へ！
ビシ
山

モチモチ感がたまらない「ウドナポ」

本メニューは、キャンプ料理レシピサイト「ソトレシピ」とのコラボで行なった「#ヤマレシピ SNSフォトコンテスト」の最優秀レシピ（@KENVO1122）です

材料(1人分)

冷凍うどん…1玉
たまねぎ…1/4個
ピーマン…1個
ウィンナー…3本
塩・こしょう…少々
バター…10g
オリーブ油…小さじ1
ケチャップ(ミニパック)…1袋(12g)
ウスターソース…大さじ1
乾燥パセリ…少々

作り方

自宅で準備すること

❶たまねぎは薄切り、ピーマンはせん切り、ウィンナーは斜めの薄切りにする。

❷❶をジッパー付き保存袋に入れ、塩・こしょう、バター、オリーブ油を入れて全体になじませる。

❸冷凍うどんを保冷剤がわりにあて、❷を保冷バッグに入れる。

山での調理

❹フライパンを火にかけ、❷を炒める。しんなりしてきたらケチャップとウスターソースを加えて混ぜる。

❺うどんを加えてほぐしながら炒め、火を止め、パセリをふる。

もちもちうどんでボリューム満点トマトの酸味が食欲をそそりまくり！
短時間で調理できちゃうから山ごはんに

うどんナポリタン

11巻

121話／恋するウドナポ　久しぶりの鯉子との登山。なぜか気力・体力充実の鯉子をいぶかしみながら、鮎美は「ウドナポ」なる謎の料理をふるまう

バターや油、塩・こしょうは野菜にからめて持ち運ぶ

冷凍うどんを保冷剤として活用

ケチャップはミニパックが便利

うどんを加えて炒める

アドバイス

油やバターは野菜にからめておくと個別に持ち運ぶ必要がなく、荷物が減らせます。うどんは山に着くころには自然解凍され、ゆでなくともすぐに炒められます。

単独登山女子

日々野鮎美の登山装備

**長期の休みにはテントを担いで北アルプスへ。
山ごはんの楽しみも忘れない鮎美ちゃんの
装備すべてを見せてもらいました。**

お盆休みの登山計画は、北アルプス南部の玄関口・上高地から入って、1日目は横尾泊まり。2日目に標高2300mの涸沢へ上がり、3日目には荷物を置いて3190mの奥穂高岳を往復。そして4日目に上高地へ下山するという、あこがれのテント泊山行です。

長期の休みとあって、登山行程はのんびり、ゆったりめのプランですが、3泊4日のソロテント泊ともなれば、ご覧のとおりの大荷物になってしまいます。必要な装備だけでも重さはおよそ10kg。これらに4日分の山ごはんの食材や飲料水が加われば、合計15kgにはなるでしょう。

そこで鮎美ちゃんは、登山ルート上にある山小屋の名物メニューを事前にすべてチェック。昼食は山小屋で食べることで、持っていく食料の軽量化を図っています。食事が単調になりがちな長期のテント泊では、山小屋の食事メニューをうまく活用するのが、山と山ごはんを上手に楽しむコツだそう。

北アルプス
3泊4日の山行
上高地から涸沢…
そして奥穂を
めざします！
ARANOテント
トレックリッジ
(1～2人用)

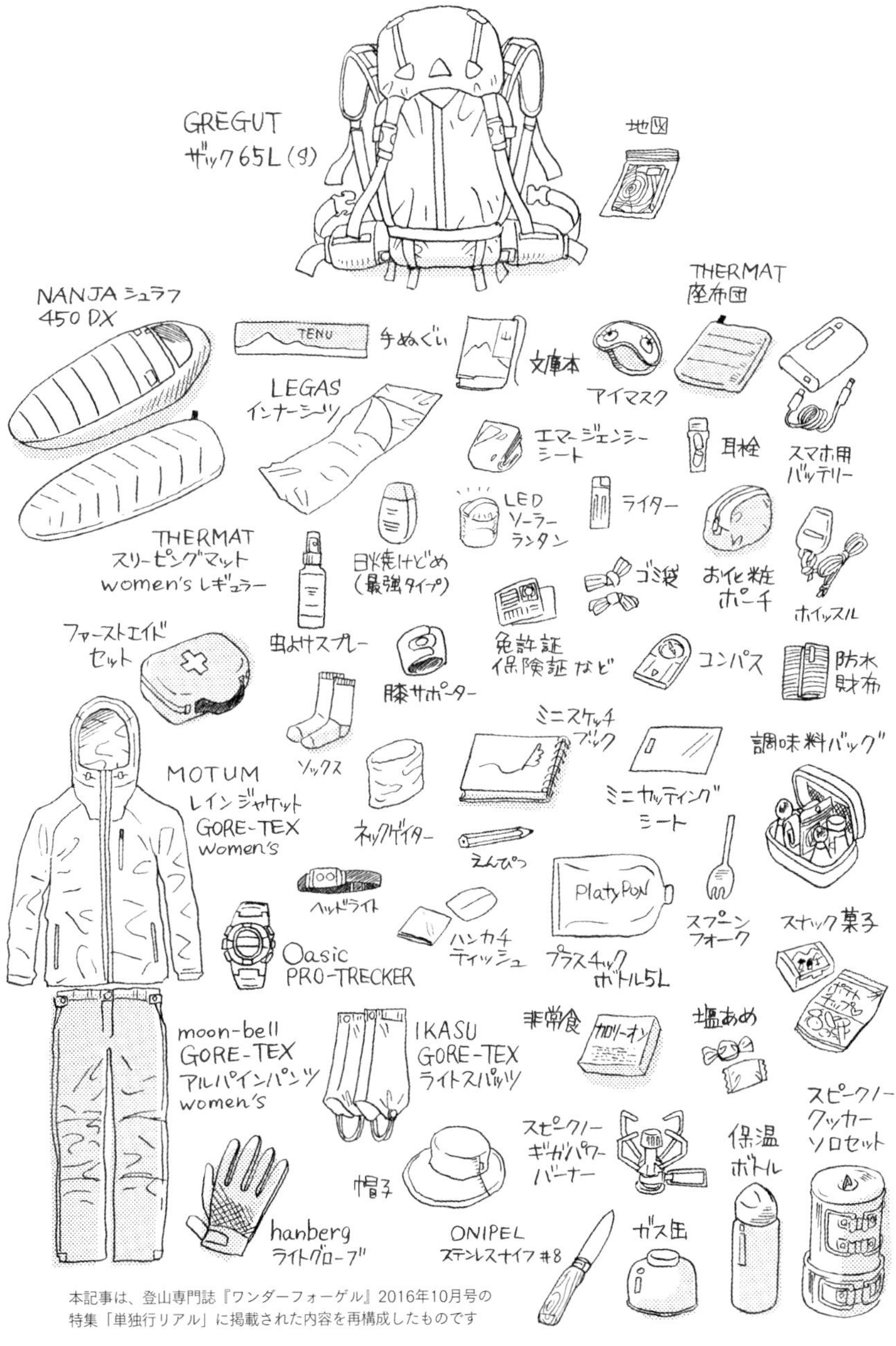
GREGUT
ザック65L(9)
地図
THERMAT
座布団
NANJA シュラフ
450 DX
TENU
手ぬぐい
文庫本
アイマスク
LEGAS
インナーシーツ
エマージェンシー
シート
耳栓
スマホ用
バッテリー
LED
ソーラー
ランタン
ライター
THERMAT
スリーピングマット
women's レギュラー
日焼けどめ
(最強タイプ)
ゴミ袋
お化粧
ポーチ
ホイッスル
ファーストエイド
セット
虫よけスプレー
免許証
保険証 など
コンパス
防水
財布
膝サポーター
ソックス
ミニスケッチ
ブック
調味料バッグ
MOTUM
レインジャケット
GORE-TEX
women's
ネックゲイター
ミニカッティング
シート
えんぴつ
ヘッドライト
PlatyPON
スプーン
フォーク
スナック菓子
Oasic
PRO-TRECKER
ハンカチ
ティッシュ
プラスチック
ボトル5L
moon-bell
GORE-TEX
アルパインパンツ
women's
IKASU
GORE-TEX
ライトスパッツ
非常食
カロリーオン
塩あめ
スピークノー
クッカー
ソロセット
保温
ボトル
スピークノー
ギガパワー
バーナー
帽子
hanberg
ライトグローブ
ONIPEL
ステンレスナイフ #8
ガス缶

本記事は、登山専門誌『ワンダーフォーゲル』2016年10月号の
特集「単独行リアル」に掲載された内容を再構成したものです

カブと鶏ささみ肉の豆乳うどん

調理時間 7分

難易度 ★

具が出るくらい少なめの湯で煮る

うまみがしみ出た汁も一緒に加える

紙パックの豆乳を注ぎ入れる

材料(1人分)

冷凍うどん…1玉
かぶ(葉付き)…1個
ささみ肉の缶詰…1缶
豆乳…200mℓ
水…100mℓ
めんつゆ(3倍希釈タイプ)
…大さじ1と1/2

いなば
とりささみ
低脂肪

作り方

❶かぶは皮をむかずに薄切りにする。

❷クッカーにうどん、❶、水を入れて軽く煮る。

❸ささみ肉缶を開けて❷に加える。

❹うどんとかぶに火が通ったらめんつゆ、豆乳を加えて軽く温める。

本日の山ごはんメニューは…
ストッパオリジナルメニュー！カブと鶏ささみ肉の豆乳うどんです！
はあああああ

優しい味で美味しい～♡
ほっとするで～～～

山登りにはお腹のケアも大事 8月5日、山ごはんの日。ヘビー級の山ごはんを期待する鯉子に鮎美が用意したのは、なぜかおなかにやさしいメニューだった

※本メニューは、ライオン株式会社の医薬品「ストッパ下痢止めEX」と『山と食欲と私』の特設コラボサイトで紹介されたものです

アドバイス

かぶから多少水分が出るので水は少なめにします。ささみ肉の缶詰は身だけでなく、うまみのある汁ごと使います。かぶの葉はビタミンを多く含むので、あればぜひ一緒に！

胃腸が弱ったときでも体にしみわたるやさしい味

アンチョビとスプラウトのサラダパスタ

調理時間 8分

難易度 ★☆☆☆☆

材料（2〜3人分）

パスタ …300g
アンチョビフィレの缶詰…小1缶
かいわれ大根、そばの新芽、
　ブロッコリースプラウトなど
　…適量
レモン（くし形切り）…1切れ
湯…適量

作り方

❶ コッヘルに少なめの湯を沸かし、パスタを半分に折ってゆでる。

❷ 別のコッヘルにアンチョビをオイルごと入れ、パスタのゆで汁大さじ1を加えてスプーンなどでつぶしてなめらかなソースにする。

❸ アンチョビのソースをパスタにからめ、スプラウトをのせてレモンを添える。

❶ パスタは半分に折っておくと食べやすい

❷ アンチョビもオイルも味つけに活用する

❷ パスタのゆで汁でのばしてつぶしやすくする

❸ アンチョビは塩けが強いのでパスタにまんべんなくからめる

※本メニューは、登山専門誌『PEAKS』2016年7月号特集「誰かを誘って、山に行こう!」で掲載されたレシピにアレンジを加えたものです

アドバイス

缶詰のオイルをパスタの味つけに生かすレシピです。スプラウトとレモンは多めに用意してください。好みで足しながら食べると盛り上がります。

缶詰の
アンチョビを
使いきり。
スプラウトと
レモンで
さわやか〜
SOTO

りんごとベーコンの炊き込みごはん

ITEM ▼メスティン

材料(2人分)

無洗米
…1合(150g)
水…適量
顆粒コンソメ
…小さじ1
りんご…1/2個
ベーコン…1枚
バター…10g

アドバイス

りんごの皮で彩りがよくなり、食感のアクセントにもなります。皮つきのまま炊くと皮の色が落ちてしまうので、炊き上がってからトッピングを。

作り方

❶ メスティンに無洗米、水、コンソメを入れて20〜30分浸水する。

❷ りんごの皮をむき、3〜5㎜厚さのいちょう切りにする。ベーコンは細切りにする。

❸ ❶に❷のりんごとベーコンを加える。ふたをして中火にかけ、沸騰したら弱火にして7分ほど炊く。火を止めて5分蒸らす。

❹ せん切りにしたりんごの皮をのせ、バターを混ぜる。

さて 今日の 山ごはんは…

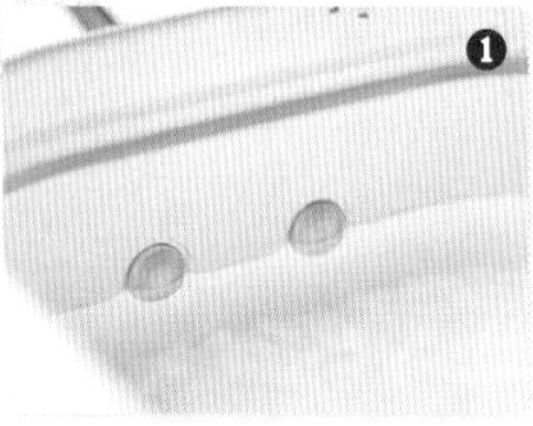
❶
りんごの水分を考慮し、水の量はメスティン本体とハンドルをつなぐ結合部(リベット)の丸の直径よりやや下に

❶
米と水にコンソメ顆粒を加えて一緒に浸水する

調理時間 40分

難易度 ★★

※本メニューは、登山専門誌『PEAKS』2016年7月号特集「誰かを誘って、山に行こう!」で掲載されたレシピにアレンジを加えたものです

りんごの酸味と甘みがベーコンによく合う！

山と食欲と私を ちゃんと楽しむための用具⑥ ガスストーブ

登山やキャンプでの燃焼器具として最も一般的なものは、ガスカートリッジを使ったガスストーブ（コンロ、バーナー）でしょう。ソロでの山ごはんであれば、軽量でコンパクトな一体型で十分ですが、多人数で大きな鍋を使った料理を作るとなると、重心が低く大鍋でも安定する分離型のストーブが必要です。

③巻28話でサヨリが作る「だご汁」（P80）や⑤巻49話の健次郎「鶏がらスープの水餃子鍋」など複数人向けのメニューではカセットコンロを山へ持ち上げていますが、瀧本夫妻のような体力がないと難しいでしょう。カセットコンロ用のCB缶を使うストーブは標高が高い場所では火力が低下しますが、低山では問題ありません。また、CB缶はコンビニなどでも販売されているため、調達がとても容易なのもメリットです。

ソト
レギュレーターストーブ
FUSION（フュージョン）ST-330

マイクロレギュレーター搭載の分離型。ゴトク径16.5cmと大きく、大きな鍋でも安定する。燃料はカセットガスで山麓での多人数キャンプなどに便利
サイズ：11×7.5×9cm（収納時）　重さ：250g
価格：9000円＋税

プリムス
153ウルトラバーナー
P-153

軽量・コンパクトながら3600kcal/hとハイパワー。スタッフバッグ付属
サイズ：7.5×8.8×3cm（収納時）　重さ：116g
価格：9000円＋税

ソト
マイクロレギュレーターストーブ SOD-300S

マイクロレギュレーターで外気温に影響されにくく、火力が安定。ケース付属
サイズ：5.2×5.2×8.1cm（収納時）　重さ：73g　価格：6300円＋税

掲載の情報は2020年1月10日時点のものです。サイズや重量などの情報は誤差が生じる場合があります。
商品情報：
新富士バーナー（ソト）　http://www.shinfuji.co.jp/soto/
イワタニ・プリムス（プリムス）
https://www.iwatani-primus.co.jp/

大鍋料理ではゴトクが大きく安定する分離型ストーブを使おう。P80の③巻28話「だご汁」

鮎美のお弁当系レシピ

家で作って山へ持っていく
お弁当やスープ、
山を思って下界で食べるメニュー。
自宅で手間と時間をかけられるぶん、
素材や調理のバリエーションは広がって
一味ちがった山ごはんが楽しめます。

おにぎりは
山の友ですなぁ♡

炭水化物祭り弁当

調理時間 15分

難易度 ★☆☆☆☆

材料（1人分）

卵サンド
- ゆで卵…1個
- マヨネーズ…大さじ1
- 塩・こしょう…少々
- バター・マスタード…各適量
- 食パン（サンドイッチ用）…2枚

市販のナポリタンソースで調味したスパゲティ…適量

レタス…適量

おにぎり…1個

作り方

❶ボウルにゆで卵を入れ、フォークでつぶし、マヨネーズ、塩・こしょうを加えて混ぜる。

❷バターとマスタードを混ぜ合わせてパンの片側に塗り、❶を均一にのせ、もう1枚のパンではさんで半分に切る。

❸弁当箱に❷を入れ、冷ましたスパゲティを詰め、あればレタスを添える。おにぎりも一緒に包んで弁当にする。

1
ゆで卵のつぶし方で食感が変わる

1
マヨネーズを加えてまとまりをよくする

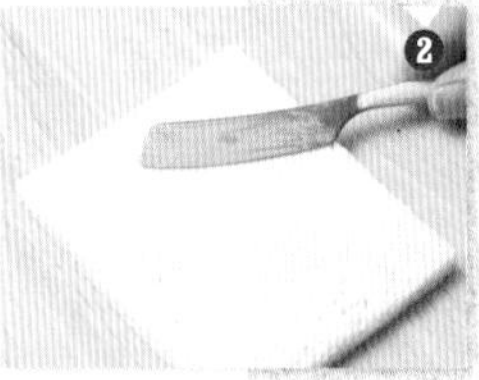
2
室温に戻したバターとマスタードを混ぜてパンに塗る

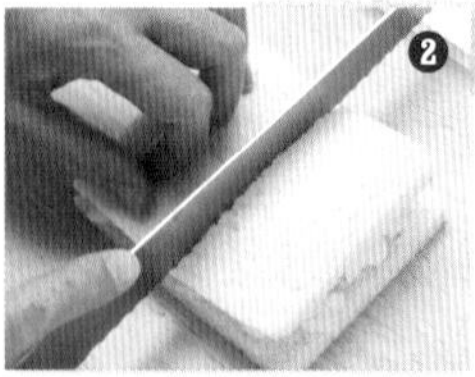
2
パンをそっと押さえて引き切りにする

アドバイス

スパゲティは太めの早ゆでタイプを使い、市販のナポリタンソースで調味すると時短になります。あればピーマンの輪切りを炒めてのせると彩りがきれいに！

1巻 **4話／背徳のカーボローディング**　金曜日のランチタイムは週末の山に備えた炭水化物祭り弁当。サンドイッチをほおばる鮎美に、不意に先輩・小松原鯉子が声をかけてきた

今日は…
パァ
たまごサンドイッチに…
おにぎり1こ
ナポリタン！
金曜日恒例炭水化物祭りだ〜！

「カーボローディング」とは――……
食事内容を
コントロールして
筋肉に
エネルギーとなる
グリコーゲンを
一時的に多く
貯め込んでおく方法の
ことをいう
ごはん
炭水化物
(糖質)
パン
全身の
筋肉
グリコーゲンとして
貯えられる
手作りの
卵サンドがさわやか
ナポリタンと
詰め合わせて
カラフルに

ベーコンと野菜のスープ

▼真空断熱フードコンテナ

材料
（真空断熱フードコンテナ約500mℓ分）

ベーコン…2枚
じゃがいも…小1個
にんじん…1/4本
たまねぎ…1/4個
キャベツ…1～2枚
固形コンソメ…1個
オリーブ油…小さじ2
水…500mℓ
塩・こしょう 少々

作り方

❶ベーコンは1cm幅に切り、じゃがいも、にんじんは薄めのいちょう切りにする。たまねぎは1cm角に、キャベツは食べやすい大きさのざく切りにする。

❷フードコンテナに熱湯（分量外）を注いで温める。

❸鍋にオリーブ油を入れ、ベーコンを炒め、野菜を加えてしんなりするまで炒める。

❹水とコンソメを加えて野菜がやわらかくなるまで煮て、味見をして塩・こしょうで味を調える。フードコンテナの湯を捨て、スープを入れてふたをする。

フードコンテナを熱湯で温める

野菜は炒めて甘みを引き出す

野菜がやわらかくなるまで煮る

調理時間 15分

難易度 ★

アドバイス

仲間と山登りやハイキングに行くときは、温かいスープが喜ばれます。フードコンテナを温めておくと、保温効果が高まります。スープもアツアツで注ぎ入れるのがポイントです。

冷蔵庫に余っていたベーコンと野菜で
スープを作ってきたんですけどいかがです？
ふぁあああああ
大容量
うぉ～すげっ！
さすが女子！

4巻
43話／筑波山 山コン編②お結びの山
鯉子に誘われ山コンに参加した鮎美。さまざまな男性と話すうち、なぜか気になったのがバツイチ・子持ちの小鷲だった

アツアツの野菜スープを持って山へ行こう
THERMOS
日々野さん美味しそうに食べるね
わい
わい
わい
いやいや

塩多めおにぎり

山で食べるおにぎりは格別

調理時間 1分

難易度 ★☆☆☆☆

あ
おっ

1巻

1話／山の上のおにぎり

単独登山女子・日々野鮎美、27歳。山に登り、休憩でおにぎりをほおばりつつ一句詠んでいると…

材料(1人分)

炊きたてごはん…茶碗1杯強
梅干し…1個
焼き海苔…1枚
塩…適量
水…少量

作り方

❶ 手のひらを軽く濡らし、指3本でつまんだ塩を両手に広げ、利き手ではないほうの手のひらにごはんをのせて梅干しを中央に入れる。

❷ はじめはやさしく握り、利き手を山にして角を作り、もう片方で底を作り、形を整える。おにぎり型を使ってもOK!

❸ 粗熱がとれたら海苔を巻く。

アドバイス

ごはんが熱くて握れない場合は手を氷水で冷やすか、茶碗などにごはんを入れて粗熱をとってください。握り過ぎて米粒をつぶさないように。

山と食欲と私をちゃんと楽しむための用具⑦

フードコンテナ

　ステンレス製魔法びん構造で、自宅で調理したスープや味噌汁などを山でも温かいまま食べられるフードコンテナ（スープジャー）。最近では、オフィスや学校でのランチなどで、日常使いをしている人が多い人気の用具です。広口で固形の食材が入れられ、冷たいものも冷たいままキープしてくれるので、暑い季節にはデザートとして凍らせたフルーツを山に持っていくこともできます。

　メーカーや製品の構造にもよりますが、一般的に容量の大きなもののほうが保温力は優れています。④巻43話「ベーコンと野菜のスープ」（P58）で紹介していますが、たとえば温かいものを入れるときにはコンテナに熱湯を入れて十分に予熱すると、スープなどの保温効果が持続します。また、高い保温力を生かして余熱を利用した料理を試してみるのもいいでしょう。

サーモス
真空断熱スープジャー JBT-500／JBU-300
ステンレス製魔法びん構造のスープジャー（フードコンテナ）。熱いものも冷たいものもたっぷり持ち運べるビッグサイズのJBT-500と、普段使いにも手頃なJBU-300
サイズ：φ10×13.5㎝（500㎖）／φ9.5×11㎝（300㎖）　重さ：ともに約300g　価格：5500円＋税／4000円＋税

『日々野鮎美の山ごはんレシピ』では、⑤巻58話「超豪華ローストビーフ丼」で使用。余熱を利用したアイデアメニュー

掲載の情報は2020年1月10日時点のものです。サイズや重量などの情報は誤差が生じる場合があります。
商品情報：サーモス https://www.thermos.jp/

焼き鳥缶親子丼チーズのせ炙り

▼電子レンジ・トーチバーナー

材料（1人分）

やきとり

ごはん…茶碗1杯
焼き鳥の缶詰…1缶
卵…1個
スライスチーズ（とろけるタイプ）…1枚
黒こしょう…適量

作り方

❶ 耐熱皿にごはんを盛り、焼き鳥の缶詰を開けてのせ、電子レンジで温める。

❷ ❶に卵を割り入れ、スライスチーズをのせる。

❸ トーチバーナーで炙ってチーズを溶かし、黒こしょうをふる。

※トーチバーナーは燃え移るものがないよう、必ず周囲の安全を確認してから使用してください

調理時間 5分

難易度 ★★

ごはんに焼き鳥をのせる。汁は好みで

真ん中に卵を割り入れる

チーズをのせる

チーズをトーチバーナーで炙る

アドバイス

スライスチーズは熱でとろけるタイプがおすすめです。トーチバーナーの熱が当たるので、必ず耐熱容器を使用のこと。

焼き鳥缶親子丼チーズのせ炙り！
調理時間たったの10分 会社の昼休みにささっと作って食べるには幸福感がすごすぎる 簡単で豪華な一品の完成だ！
仕上げに黒こしょうをパパッとかけると味が引き締まるね

10巻 104話／炙って焦がして!! ビンゴ大会の景品でトーチバーナーを手に入れた鮎美。「炙り神」のささやきにしたがって、次々と炙りメニューに手をつける

うおおおお
お炙りなさい…
簡単なのに
豪華！
甘辛い焼き鳥に
生卵がよく合う

ゴゴゴゴ
山でも…
山でも
炙りたい…

炙りサーモン丼

▼メスティン・トーチバーナー

調理時間 5分

難易度 ★★

材料(1人分)

すしめし…150g
刺身用サーモン…6切れ
粗塩…適量
カットレモン…1枚
ゆずこしょう…適量

作り方

自宅で準備すること

❶ メスティンにすしめしを詰め、サーモンを並べてレモンを添える。

❷ ふたをして保冷剤とともに保冷バッグに入れる。

山での調理

❸ サーモンの表面をトーチバーナーで炙る。

❹ 粗塩をふり、ゆずこしょうを添える。

※トーチバーナーは燃え移るものがないよう、必ず周囲の安全を確認してから使用してください

トーチバーナーで炙って焼き目をつける

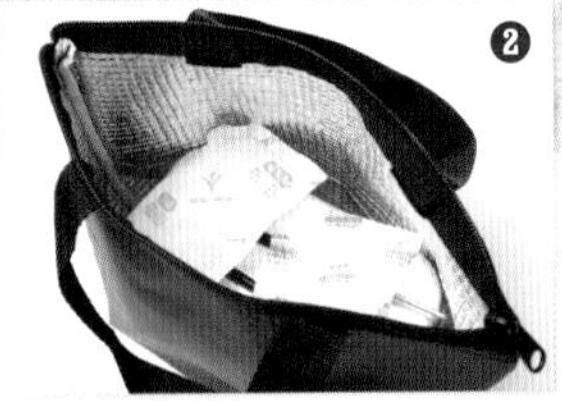

保冷バッグに保冷剤を入れて山へ

アドバイス

サーモンが生なので、できるだけ早く食べてください。持ち歩きに保冷剤は必須です。硬めに炊いたごはんに市販のすし酢を混ぜると簡単。すしめしは炊きたてのごはんで作り、冷ましてから詰めます。

メスティンに酢飯をつめ サーモンのお刺身を並べて保冷剤と共に持参してきた「サーモン丼」を豪快に炙る…

ジュアア
炙り料理の王様と言えばコレ!

炙りサーモン丼だ!

粗塩をふりかけ 最後にレモンをキュッと絞り 柚子胡椒を添えて サッパリ完成!

10巻 104話/炙って焦がして!! トーチバーナーでの炙り料理に鮎美はますます熱が入る。ついに週末に山へ持参し、冷えた弁当の食材を炙って大満足だったが…

ゆずこしょうの
香りと
サーモンの
焼き目がグッド
うますぎる！
ちょい焦げ
サーモンの脂が
脳の中枢に昇り香る
百年うまい！

メスティンプリンのキャラメリゼ

▼オーブン・メスティン・トーチバーナー

調理時間 40分

難易度

※冷蔵庫で冷やす時間を除く

焼きプリンを作って出発！山でパティシエ気分になれます
メスティンで作った特大プリンに砂糖をかけて炙り溶かす
ブワ
ワ
ワ
ワ
メスティンプリンのキャラメリゼだぁっ！
ワ
ワ

10巻

104話／炙って焦がして!!「炙り神」の制止も耳に入らず、調子にのってトーチバーナーを活用する鮎美。勢いあまった炎があたりの枯れ草に燃え広がった!

材料（メスティン1個分）

卵(大きめ)…2個
砂糖…40〜50g
牛乳…250g
キャラメリゼ用の砂糖…適量

作り方

自宅で準備すること

❶ボウルに卵を入れて溶きほぐし、砂糖を加えて泡だて器でよく混ぜ合わせる。

❷小鍋に牛乳を入れて火にかけ、鍋のふちにふつふつと泡が立ったら火を消す。

❸❶に❷を少しずつ加えながら混ぜ合わせる。

❹茶こしで❸をこしながらメスティンに注ぎ入れ、泡ができていたら竹串でつぶす。

❺メスティンにふたをして、180度に予熱したオーブンで20分焼く。粗熱がとれたら冷蔵庫で冷やす。

❻保冷剤とともに保冷バッグに入れる。

山での調理

❼プリンの表面に砂糖をまんべんなく敷き詰め、トーチバーナーで炙り溶かして焦げ目をつける（キャラメリゼ）。

※トーチバーナーは燃え移るものがないよう、必ず周囲の安全を確認してから使用してください

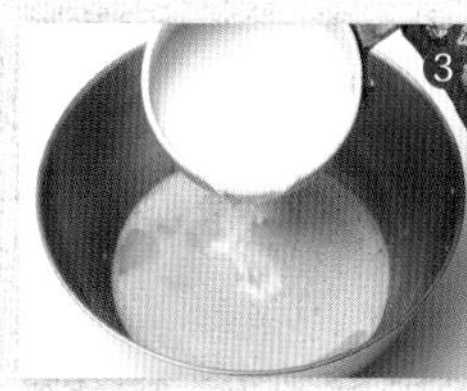
3
人肌に温めた牛乳を加える

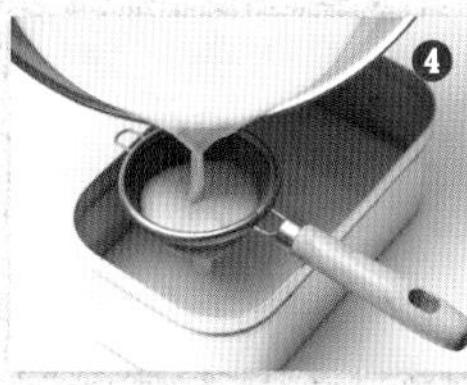
4
メスティンに茶こしを引っかけて卵液をこす

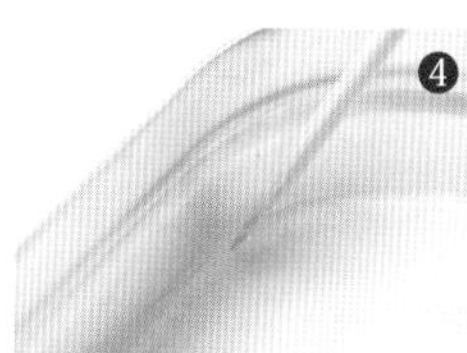
4
竹串で泡をつぶす

7
強めの火力にしたトーチバーナーを動かしながら焦がす

アドバイス

卵液をこすことでなめらかなプリンになります。卵が入っているため、長時間の持ち歩きには不向き。砂糖はまんべんなく敷き詰め、強めの炎で一気に焦がしてください。

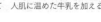

炙りカプレーゼ

+ITEM ▼トーチバーナー

調理時間 3分

難易度 ★

イタリアンの
定番の前菜を
炙ってとろりと

10巻 104話／炙って焦がして!! 炙り料理にハマる鮎美。トーチバーナーの可能性を求め、山でも炙りたい願望が…

トマトとモッツァレラチーズを並べたやつ…
お炙りなさい…

材料（1～2人分）

トマト…1個
モッツァレラチーズ…1個（100g）
オリーブ油…適量
塩…適量
イタリアンパセリ…適宜

作り方

1. モッツァレラチーズの水けをキッチンペーパーでふく。
2. トマトとモッツァレラチーズを厚さ5㎜に切る。
3. 耐熱皿にトマトとモッツァレラチーズを交互に並べ、トーチバーナーで炙る。
4. オリーブ油をかけ、塩をふる。あればイタリアンパセリをのせる。

※トーチバーナーは燃え移るものがないよう、必ず周囲の安全を確認してから使用してください

アドバイス

トマトとモッツァレラチーズの厚さをそろえて切ることで、口当たりがよくなります。家でトーチバーナーを使う場合は、アルミホイルを敷くなどしてテーブルを焦がさないように注意。

山と食欲と私を ちゃんと楽しむためのの用具⑧

トーチ バーナー

ソト
フィールドチャッカー
ST-418
太くソフトな棒状炎で、木炭への着火時は炭の跳ね返りが少ない。点火後、約2分間のプレヒート（予備加熱）で約30秒間逆さ使用できる。ボンベ付き（本体のみのST-418Sもあり）
サイズ：13×7.5×5㎝
火口径：2.2㎝　重さ：235g　価格：オープン

⑩巻104話で「炙り神」のささやきに従って「焼き鳥缶親子丼チーズのせ炙り」「炙りサーモン丼」（P62～65）など、いくつもの炙りメニューにハマってしまった鮎美ちゃん。火炎温度は800～1800℃という強烈な火力で、食材の表面に一気に焼き目を入れることで料理のおいしさがアップ。トーチバーナー（ガストーチ）は一度使ったら、その楽しさが忘れられない用具でしょう。

キャンプやバーベキューなどのシーンでは、木炭に炎を当てることで、慣れない炭の火おこしも簡単にできます。登山に持っていく機会は少ないと思いますが、登山用のガスストーブで一般的なOD缶用のトーチバーナーや、ガス充填式のコンパクトなタイプもあります。

くれぐれもやけどや、ほかのものへの燃え移りに注意して使ってください。

炎は1300℃の超高熱になる。明るいところでは炎が見えづらいので、使用時は注意

P62の⑩巻104話「焼き鳥缶親子丼チーズのせ炙り」をはじめ、4品で使用。キャンプでの炭火おこしにも

掲載の情報は2020年1月10日時点のものです。サイズや重量などの情報は誤差が生じる場合があります。
商品情報：新富士バーナー（ソト） http://www.shinfuji.co.jp/soto/

どこで食べようか想像するだけでワクワク

バランス栄養おいなりさん

調理時間
40分

難易度
★★★★★

私のお弁当は…
しいたけ くり、ぎんなん
山歩きに必要なエネルギーやビタミン・ミネラルをしっかり補給
しらす、ひじき 枝豆、ごま
ぱあ
あ
あ
バランス栄養おいなりさんだ!
豚肉、ごぼう れんこん、にんじん

材料（各6～8個分）

白米…3合
水…適量
市販のすし酢…大さじ6
いなりずし用油揚げ(味つき)…18～24枚

中具A
- しいたけ…2枚
- 栗(調理済み)…5～6個
- ぎんなん(調理済み)…10個
- めんつゆ(3倍希釈タイプ)…大さじ1
- 水…大さじ1

中具B
- 市販のひじきの煮物…大さじ2
- しらす…大さじ2
- 冷凍むき枝豆(薄皮をむく)…大さじ3
- 白いりごま…大さじ1
- ごま油…小さじ1

中具C
- 豚こま切れ肉…40g
- ごぼう…5cm
- にんじん…1/4本
- れんこん(1cmの輪切り)…1枚
- ごま油…大さじ1/2
- めんつゆ(3倍希釈タイプ)…大さじ1
- 水…大さじ1

作り方

すしめしを準備する

1. 炊飯器にといだ米を入れ、30分ほど浸水し、通常よりやや少なめの水で炊く。
2. 炊き上がったごはんにすし酢を合わせて混ぜ、すしめしを作る。

中具Aを作る

3. しいたけは1cm角に切り、栗は食べやすい大きさに割る。
4. しいたけを水とめんつゆで煮て、栗とぎんなんを加えて軽く火を通す。

中具Bを作る

5. しらす、枝豆をごま油で軽く炒めて、白ごまとひじきの煮物を加えて混ぜる。

中具Cを作る

6. 豚肉を1cm角に切り、ごぼうは小さめのささがき、にんじんは細切り、れんこんは小さめのいちょう切りにする。
7. 豚肉をごま油で炒め、6の野菜を加えて炒め合わせ、水とめんつゆで軽く煮る。

油揚げに詰める

8. すしめしを3等分し、軽く汁けを切ったA・B・Cの具をそれぞれ混ぜ合わせ、油揚げに詰める。

アドバイス

いなりずしは少量では作りにくいので、3合のすしめしを準備し、3種類のいなりずしが各6～8個できるレシピにしています。Bは冷凍のむき枝豆とひじきの煮物を使うと手軽です。

10巻

108話／鮎美の登山ガイド
姪の双葉朝里を連れて山に出かけた鮎美。緊張していたものの次第に打ち解け、山を楽しむ朝里と弁当を分け合う

かぼちゃと鳥ひき肉の味噌汁

▼真空断熱フードコンテナ

調理時間 10分

難易度 ★☆☆☆

材料
（真空断熱フードコンテナ約380mℓ分）

鶏ひき肉…50g
かぼちゃ（一口大）…80g
サラダ油…小さじ1
だし汁…350mℓ
みそ…小さじ2

作り方

❶フードコンテナに熱湯（分量外）を注いで温める。

❷鶏ひき肉をサラダ油で炒め、パラパラになったらかぼちゃを加えて炒める。

❸だし汁を❷に加えて3分ほど煮て、みそを加えて溶き混ぜる。

❹フードコンテナの湯を捨て、❸を入れてふたをする。

❶ フードコンテナを熱湯で温める（湯は後で捨てる）

❷ 小ぶりの鍋で鶏ひき肉をパラパラになるまで炒める

アドバイス

かぼちゃは煮崩れしやすいので大きめの一口大に切るのがおすすめ。鶏肉が入っているため、保温開始から6時間以内に食べきってください。

待て待て
味噌汁もあるんだよぉ

10巻 108話／鮎美の登山ガイド　幼稚園児の姪・朝里とハイキングに。鮎美の持ってきた弁当と味噌汁に朝里は拒否反応を示すものの、一口すすってみたところ…

ほ
か
かぼちゃと鳥ひき肉の味噌汁！
あ
あ
あ
あ
かぼちゃに多く含まれるカリウムには筋肉の働きを正常に保つ効果があるんだって！

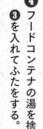

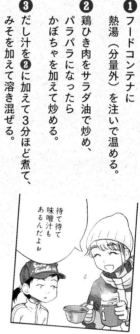

ほっとする味
炒めた
鶏ひき肉で
こくアップ
THERMOS

ニンニン太巻

調理時間 30分

難易度 ★★★★★

地下足袋らしさや登山道を歩くためという目的を考えると貼り付け地下足袋が良さそう…
コレかな!

具を切って巻く、仕込みいらずの海鮮太巻き

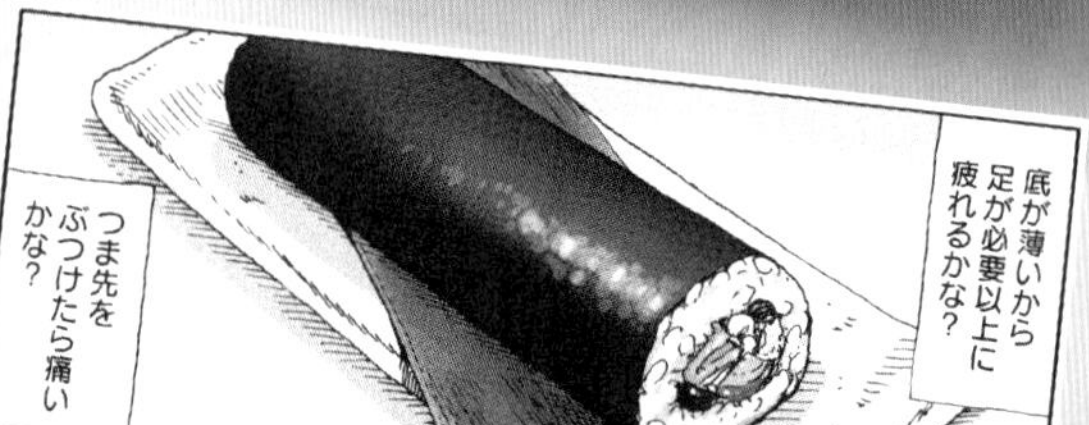
底が薄いから足が必要以上に疲れるかな?
つま先をぶつけたら痛いかな?

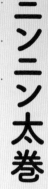

材料(3本分)

炊きたてのごはん(硬め)…2合(約650g)
市販のすし酢…大さじ4
焼き海苔…3枚
まぐろ赤身(刺身用さく)
…135g(40〜45g×3本)
サーモン(刺身用さく)
…135g(40〜45g×3本)
きゅうり…3/4本
かに風味かまぼこ…9本(3×3本)
市販の卵焼き…120g(40g×3本)

作り方

❶ごはんにすし酢を混ぜてすしめしを作り、人肌くらいに冷ます。
❷まぐろ、サーモン、きゅうり、卵焼きは1㎝角くらいの棒状に切る。
❸巻きすに海苔1枚を置き、海苔の上端2㎝を残してすしめし(1／3量)を広げる。
❹中央よりやや手前に、❷の具、かに風味かまぼこ3本をつなぐように置く。
❺指で具を押さえながら「手前の端」と「ごはんの上の端」を合わせるように一気に巻く。
❻巻きすで形を整え、濡らした手で両端を軽く押さえる。
❼同様にもう2本作り、端から切る。

具を指で押さえながら、一気に巻く

海苔の上に「のりしろ」を作り、具は中央よりやや手前にのせる

太巻きの両端は切り落とす

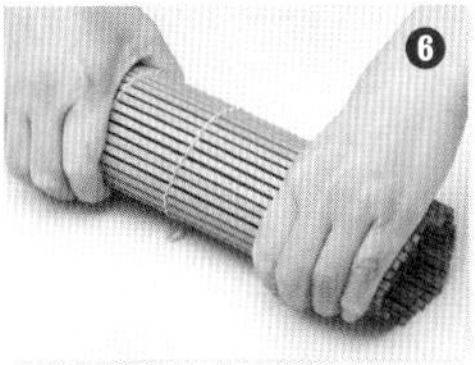

両手で軽く押さえて形を整える

アドバイス

すしめしは、人肌くらいのうちが巻きやすいです。清潔な濡れ布巾で包丁を拭きながら切ると、切り口がきれいになります。

11巻 120話／巻物と履物 山で使う人を見かけて地下足袋に興味をもった鮎美。ホームセンターで手に入れた一足で、近所の土手を忍者のように小走りしてみた

山の立ち寄り名物メニュー

**自分で作るものだけが「山ごはん」じゃない！
行き帰りにご当地グルメも楽しんでみましょう。**

箱根 甘酒

5巻 **55話／箱根旧街道&外輪山編②
甘酒タイムトリップ**

江戸初期創業の店。うるち米と米麹で仕込んだ無添加の甘酒は当時と同じ製法。杵でついた餅を炭火で焼く「力餅」もぜひ。甘酒400円（税込み）

甘酒茶屋 ☎0460-83-6418／無休／甘酒茶屋バス停目の前

写真＝石丸哲也

写真＝石丸哲也

高尾山 とろろそば

3巻 **29話／高尾山レクリエーション編③
とろろとお風呂**

年間300万人が訪れる高尾山。食事処や茶屋が山麓〜山頂に26店もある。そばのほかには、なめこ汁やまんじゅうも名物。とろろそば1000円（税込み）

奥高尾 細田屋 ☎042-661-5999／不定休／高尾山頂から徒歩約10分

富士山 富士宮やきそば

9巻 **99話／鮎美の富士山リベンジ編①
生しらす丼と富士宮やきそば**

富士登山の玄関口、静岡県富士宮市のB級グルメ。もちもち食感の専用めんと肉かす、イワシのだし粉で絶妙な味わい。並450円、大600円（税込み）

富士宮やきそば学会アンテナショップ ☎0544-22-5341／無休／JR富士宮駅から徒歩約8分

写真=小野泰子

掲載の情報は2020年1月10日時点のものです。

なかまたちの山ごはんレシピ

鮎美ちゃんの会社仲間や友人をはじめ、
通りすがりの人物から謎の美女まで、
続々登場するキャラクターたち。
一人一人名前がついた個性的な彼・彼女らが披露する、
味わい豊かな山ごはんレシピを集めました。

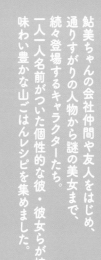

なかまたちのプロフィル

『山と食欲と私』の世界をにぎやかに彩る登場人物。
本書でレシピを提供してくれた
鮎美ちゃんのなかまたちを紹介します。

鷹桑秀平
（たかくわ・しゅうへい）
35歳、家電メーカー営業。型から入る登山&キャンプ初心者。自意識過剰な残念系イケメンだが、憎めない愛されキャラ。SNS好き。

瀧本サヨリ
（たきもと・さより）
24歳、鮎美の元同僚。旧姓は瀧。瀧本健次郎と結婚後、長野に移住。現在は山小屋バイト。口数少ないが、山や友情に熱いものを秘める。

小松原鯉子
（こまつばら・こいこ）
29歳、経理課主任。鮎美の会社の先輩。結婚願望が人一倍強く、恋人探しに余念がない。喜怒哀楽がはっきりしているが意外に照れ屋。

小岩カジカ
（こいわ・かじか）
31歳、会社員でプロダクトデザイナー。鮎美の学生時代のアルバイト仲間。既婚。夫や山友とわいわい楽しむのが好きな登山女子。

猪口いるか
（いのぐち・いるか）
56歳、国立大学事務。鮎美の母で、3年前に猪口雅俊と再婚。はっきりとした性格でしっかり者。鮎美とは反対に体力に自信あり。

瀧本健次郎
（たきもと・けんじろう）
32歳、人力車夫。サヨリの夫。登山が生きがいで超人的な体力をもつ。サヨリとは対照的なお調子者で、しゃべりはマシンガン。

六科広宣／六科 元
（むじな・ひろのぶ／むじな・はじめ）
ともに32歳、一卵性双生児。兄の広宣は飲料メーカー社員で、健次郎の高校の同級生。弟の元は惣菜店調理師で、健次郎の中学の同級生。二人そろって非常に無口ながら、おもてなしに長けた双子キャンパー。

黒蓮七実
（こくれん・ななみ）
32歳、職業不詳。車で全国を旅していたが、後に奈良の山中に小屋を自作し居住した。自由気ままに行動する謎の変態アウトドア女子。

薮蚊 繁
（やぶか・しげる）
57歳、歴史深い山小屋の支配人代理。独身。仕事とは関係ないところに力を入れがち。若い従業員からは老害として疎んじられている。

香山栄螺
（かやま・さざえ）
30歳、フリーのSE。山で鮎美と知り合い、単独登山女子同士で意気投合。南アルプスで偶然の再会を果たす。ちょっぴり負けず嫌い。

榊 恵留
（さかき・える）
24歳、専門学校事務。札幌在住の鮎美の祖父・日々野鶴三の若いガールフレンド。謎は多いが、アウトドア好き。ギターとベースが得意。

だご汁
調理時間
90分
★★
★★★
+ITEM
▼大鍋
冬山はこれで乗り切りました…
熊本の郷土料理で山でわいわい
どぉおおん
熊本出身だった顧問の先生直伝…熊本の郷土料理にして私の母校の山岳部伝統の山ごはん
シンプル調理で失敗知らず身体の芯から毛先までパワーが漲るエナジーお鍋…「だご汁」です
食材（「だご」の他には…）
・とり肉 ・大根 ・里芋 ・しいたけ ・にんじん ・ごぼう ・しょうが 等
※具材に決まりはない

うん うん♪
おダシやお肉と野菜のエキスが小麦粉で練った「だご(だんご)」によくしみて…

3巻 28話／高尾山レクリエーション編 ②思い出のだご汁と麦焼酎 職場の仲間で高尾山へ。山岳部出身の新人・瀧サヨリが大鍋で調理したのは…

材料（4～5人分）

- A
  - 小麦粉…200g
  - 塩…小さじ1弱
  - 水…約100mℓ
- 鶏もも肉…250g
- 大根…1/3本
- にんじん…小1本
- 里いも…5個
- しいたけ…大2枚
- ごぼう…2/3本
- しょうが…1かけ
- 長ねぎ…1本
- まいたけ・しめじ・油揚げなど（あれば）…適宜
- 水…2ℓ
- 袋だし（塩分不使用）…適宜
- みそ…大さじ5～6

作り方

自宅で準備すること

❶ Aの小麦粉と塩をボウルで混ぜ、水を少しずつ加えてよくこね、ラップをしてポリ袋に入れ、だごの生地を作る（出発まで時間がある場合は冷蔵保存する）。

❷ 鶏肉は一口大に切り、野菜やきのこは食べやすい大きさに切って、それぞれポリ袋に入れる。

❶と❷の材料を保冷バッグに入れる。

山での調理

❸ 鍋に分量の水と袋だし（袋だしの数は水の量に合わせる）を入れて火にかけ、鶏肉を入れて煮立たせ、アクを除く。

❹ ❷の野菜を加えてやわらかくなるまで中火で煮る。

❺ ❶を一口大にちぎって、指でのばしながら❹に加える。

❻ だごが浮いてきたら弱火にし、みそを加えてひと煮したら火を止める。

❶
100mℓ前後の水を少しずつ加える

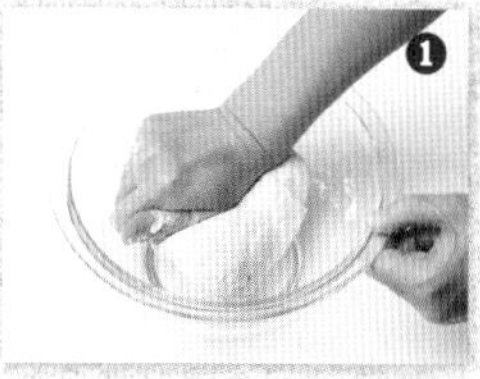
❶
なめらかにまとまり、つやが出るまでこねる

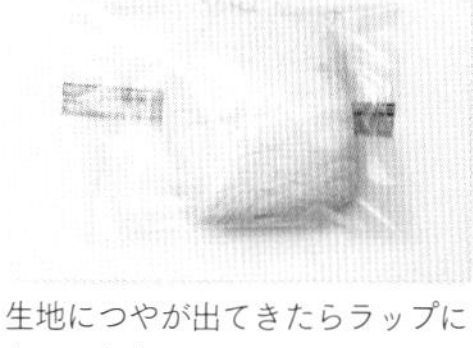
❶
生地につやが出てきたらラップに包んで保存する

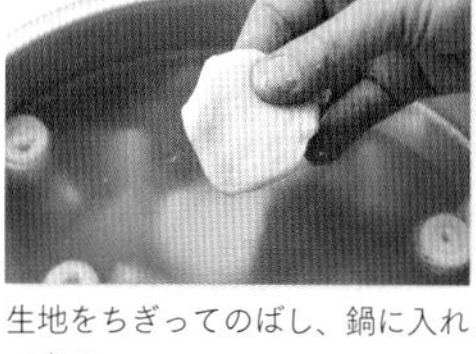
❺
生地をちぎってのばし、鍋に入れて煮る

アドバイス

鶏肉は保冷するか冷凍した状態持ち運んでください。塩分入りのだしを使う場合は、みその量の加減を。小ねぎを散らしたり、七味唐辛子、ゆずこしょうを加えても美味。

エビフライドッグ

ITEM

調理時間 3分

難易度 ★

材料(2人分)

ホットドッグ用のパン…2個
タルタルソース(P82参照)…大さじ2〜3
エビフライ…2本
レタス…2〜3枚
バター…10g
ケチャップ(小袋)…2袋

エビフライをぐっと押し込む

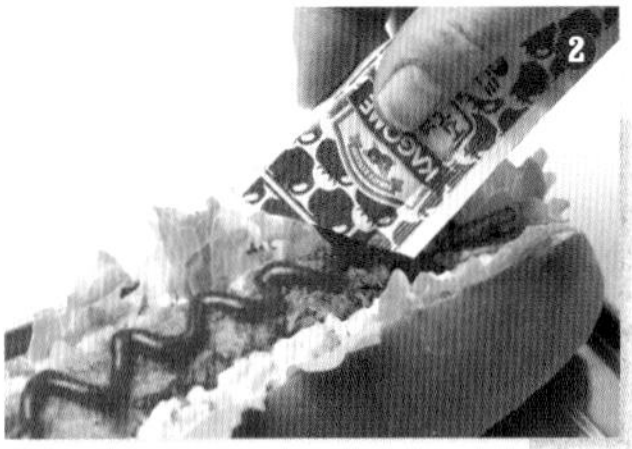

外出時は小袋のケチャップがあると便利

作り方

❶ パンの切れ目にバターを薄く塗り、レタス、タルタルソース、エビフライをはさむ。

❷ 食べる直前にケチャップをかける。

瀧本家《うち》は…

昨日の夕食の残りのエビフライをレタス タルタルと一緒に挟んだホットドッグです
わ〜〜〜〜〜! 美味しそう!
夫の分もあります

アドバイス

パンにバターを塗っておくと、タルタルソースがしみにくくなります。タルタルソースは市販品を利用してもOKです。具を容器に入れて持参し、食べるときにはさんでも。

7巻 **75話/日光白根山キャンプ編①自家製ピーナッツ味噌のおにぎり** 鮎美、瀧本夫妻、鯉子の4人で日光白根山へ。車中、サヨリが作ってきた瀧本家の朝ごはんは…

前夜のおかずの
エビフライを
はさんで
手早くお弁当に！

タルタルソースの作り方

調理時間 10分

難易度 ★★★★★

作り方

❶ ゆで卵、玉ねぎ、きゅうりのピクルスをみじん切りにする。

❷ ボウルに❶、パセリ、レモン汁、マヨネーズ、塩・こしょうを入れてよく混ぜる。

材料（作りやすい分量）

ゆで卵…1個
たまねぎ…1/10個
きゅうりのピクルス…1本（5㎝）
パセリ（みじん切り）…小さじ2
レモン汁…小さじ1
マヨネーズ…大さじ1と1/2
塩・こしょう…少々

アドバイス

きゅうりのピクルスが味の決め手です。商品によって味が異なるので、塩分などは味見をして調整してください。

かぼちゃの甘みが
やわらかくなった
めんになじむ

甲州名物ほうとう

調理時間 20分

難易度

ふぁあ
ああ
あ
それは…甲州名物「ほうとう」!?

4巻

37話／会社のオフィスで山ロス飯 お盆休み明け。山ロス飯を作る鮎美に対抗するように、日に焼けたサヨリが作るのは…

材料（1人分）

ほうとうめん…1人分
かぼちゃ…80g
長ねぎ…10㎝
しいたけ…1枚
しめじ…15g
絹さや…3枚
顆粒だし…小さじ1弱
みそ…大さじ1〜2
水…500㎖

作り方

❶かぼちゃは一口大、長ねぎは斜め切りにする。しいたけとしめじは石づきを除く。絹さやは筋をとる。

❷コッヘルに水と顆粒だしを入れて火にかけ、温まってきたら❶を中火で煮る。

❸ひと煮したら、ほうとうを入れて煮込む。野菜に火が通り、めんの芯がなくなるまで加熱し、みそを入れて味を調える。

甲州名物
ほうとう

アドバイス

かぼちゃは煮崩れしやすいので、少し大きめに切るといいです。めんは芯がない、やわらかい状態まで煮込んで。

秘芋

▼バーベキューコンロ・木炭

調理時間 90分

難易度 ★★

材料（作りやすい分量）

さつまいも
（写真のさつまいもはシルクスイート）
…大3〜4本

作り方

❶ アルミホイルでさつまいもを包む。両端を出しておくと熱が回りやすい。

❷ バーベキューコンロに木炭を入れて火をつけ、❶を1時間30分~2時間じっくり焼く。一部だけ焦げたりしないように、ときどきトングなどで向きを変えながら加熱する。

❸ そのまま食べても、はちみつやバターを塗って食べてもよい。

両端を出してアルミホイルに包む

火にあたりながら焼きいもの番をする

ダッチオーブンで焼く
漫画では薪ストーブですが、バーベキューコンロと木炭を使いました。より手軽にダッチオーブンで焼く場合、弱火で1時間が目安（小ぶりのいもならそれ以下）。下火だけだと焦げやすいので、クシャクシャにしたアルミ箔を敷き、いもを入れてふたを。ふたを焼いておくと早く火が通ります。

アドバイス

ねっとり甘い焼きいもが好みなら「シルクスイート」か「安納いも」を、ほっくり系が好みなら「紅あずま」がおすすめです。

10巻 110話／秘芋　長野に夫婦で移住後、山小屋で単身働くサヨリ。日々忙しい山小屋生活の合間に、こっそりと薪ストーブで作る焼きいもを楽しみにしていた

ねっとり甘〜い
焼きいもが
できました！！

男の野営アラカルト

+ITEM ▼網

調理時間 30分

難易度 ★★

材料（2〜3人分）

豚バラ肉（かたまり）…600g
じゃがいも…2〜3個
にんじん…1本
なす…1本
パプリカ（赤・黄）…各1個
エリンギ…3本
アスパラガス…5本
ししゃもの干物…6本
塩…適量

作り方

❶豚バラ肉は厚めに切り、塩を多めにふる。

❷じゃがいもは皮つきのまま一口大に、にんじんとなすは輪切り、パプリカは種とへたを除いて幅2㎝に切る。エリンギは縦半分に裂く。アスパラガスは根元の硬い部分を切る。

❸網の上に、❶、❷の食材とししゃもをのせて豪快に焼く。

❶ 塩は両面にまんべんなくふる

❷ 彩りのいい野菜を用意すると「写真映え」する

焚き火は男の…
指定席だ
単独キャンプ男子
鷹桑《たかくわ》 秀平《しゅうへい》
（35歳 家電メーカー営業 黒いウェアはやめました）

アドバイス

生でも食べられるパプリカがあると、肉や根菜が焼けるまでの間につまめますし、ししゃもも軽く炙れば食べられます。豪快な野営でも食材の準備は計画的に。

6巻 59話／男の野営アラカルト　単独キャンプ男子・鷹桑秀平。キャンプ場では鮎美からの視線を感じながら焚き火をおこし、豪快な直火料理を作ったが…

飯盒炊爨《はんごうすいさん》に加え
直火で豚バラやアスパラ じゃがいも 人参 ししゃもなどを 乱暴に焼いた…
男の野営アラカルトだ！
じわあ
あ
あ
あ

厚切りにした
豚バラ肉と
カラフルな野菜を
豪快&シンプルに
焼く

ニンニクと鶏レバーのスモーブロー

こいつがたまらん!
濃厚に絡み合う味わいの中でライ麦パン独特の酸味がぽっかりと爽やかな余白を作ってるような感じでそれがまたイイ

北欧風のオープンサンドスモーブローをつまみに

調理時間
35分

難易度
★★
★★★

こま切りにした鶏のレバーとニンニクをたっぷりのバターで炒め※
ニンニクと鶏レバーのスモーブロー
軽く炙ったライ麦パンにバターを塗って載せて食べる
※自宅で調理したものを持参し、シェラカップで温め直したもの

10巻 **109話／鷹桑の登山ガイド** 高校生の甥・鷹桑晴多を高尾山へ連れて来た秀平。自分より体力のある晴多は一足先に行き、トレランの女性を伴って戻ってきた

材料（作りやすい分量）

鶏レバー…150g
にんにく（薄切り）…2かけ
バター…20g
塩…適量
黒こしょう…少々
しょうゆ…少々
ライ麦パン…適量
バター（パンに塗るもの）…適量
イタリアンパセリ（みじん切り）…適量

作り方

自宅で準備すること

❶ 鶏レバーは流水で洗い、1㎝角に切る。脂肪（白い部分）や血管などを除き、たっぷりの水に浸して、水を数回取り替えながら20分ほど血抜きをする。レバーの水気をキッチンペーパーで取る。

❷ フライパンにバターとにんにくを入れて弱火にかけ、香りが立ったらレバーを加え、中に火が通るまで炒め、塩、黒こしょう、しょうゆで調味する。

❸ ❷を保存容器に移し、保冷剤を当てて保冷バッグで持ち運ぶ。

山での調理

❹ ❸をシェラカップで温める。

❺ 軽く炙ってバターを塗ったライ麦パンにのせ、イタリアンパセリをふる。

2
レバーはにんにくで香りづけをする

4
山で温め直してから食べる

アドバイス

鶏レバーの下処理をていねいにするとくさみが取れ、上品な味になります。仕上げにバルサミコ酢を加えるとさらに本格的に！ ハイボールや赤ワインと合わせてどうぞ。

鶏がらスープの水餃子鍋

調理時間　分

難易度　★★★

＋ITEM　▼大鍋（土鍋）

キラッ
初めまして
瀧本《たきもと》です!
瀧本 健次郎《けんじろう》
32歳 有限会社人力堂社員
奈川県出身 身長152cm)
夫です……

材料(4人分)

水餃子

水餃子の皮

- 水餃子の皮…24枚
- 豚ひき肉…130g
- キャベツ…120g
- にら(みじん切り)…20g
- おろししょうが…1/2かけ分
- A
  - 酒…大さじ1
  - しょうゆ…大さじ1/2
  - ごま油…大さじ1
  - 塩・こしょう…少々

水餃子鍋の具

- 白菜(ざく切り)…1/4個
- 長ねぎ(斜め切り)…1本
- しいたけ(石づきを取る)…4枚
- にんじん(拍子木切り)…1/3本
- にら(4cm長さ)…1/2把
- しめじ(小房に分ける)…1/2パック
- 水…5カップ
- 鶏がらスープ…大さじ2
- 塩…小さじ1/3
- 2種のタレ(作り方はP92参照)…適量

作り方

自宅で準備すること

❶ キャベツはみじん切りにし、塩少々(分量外)をふってもみ、しんなりしたら水けをしぼる。

❷ ボウルにひき肉、Aを入れて合わせ、❶、みじん切りのにら、しょうがを加えまんべんなく混ぜ合わせる。

❸ 水餃子の皮に❷の具をのせ、ふちに水をつけて2つ折りにし、片側からひだを作りながら包み、しっかり口を閉じる。

❹ ❸を保存容器に入れ、保冷剤とともに保冷バッグに入れる。

山での調理

❺ 土鍋などに水を入れて火にかけ、鶏がらスープ、塩を入れて、にら以外の具材を加えて煮る。

❻ 水餃子を加えて、4cm長さのにらを入れ、火が通ったらタレにつけて食べる。

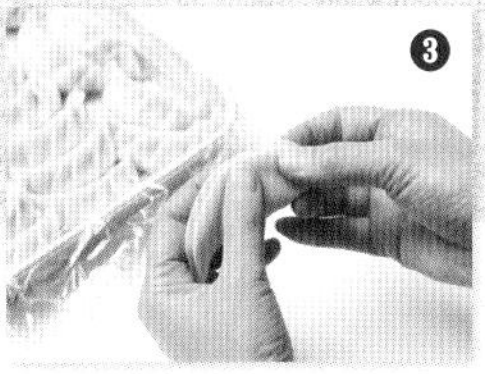
片側からひだを作りながら包む

具はスプーンでのせる

包み終わったら保存容器に入れる

アドバイス

持ち運ぶ間に水っぽくならないように、野菜の水けはしっかりきります。普通の餃子の皮でもできますが、水餃子専用の皮や餅粉入りの皮だと、もちもちとした食感が楽しめます。スープにしょうゆ、レモン汁、ラー油を足してもグッド。

5巻 **49話／土鍋を担いできたアイツ** サヨリの夫・瀧本健次郎と初対面の鮎美たち。山頂で健次郎は大型ザックから土鍋と4人分の食材を取り出し、料理を始めた

餃子のタレの作り方

調理時間
5分

難易度
★★★★★

材料
（作りやすい分量）

ねぎぽん酢ダレ
- ぽん酢…大さじ3
- ごま油…大さじ2/3
- 小ねぎ（小口切り）…3本

ピリ辛ごまダレ
- ぽん酢…大さじ3
- すりごま…大さじ2
- 豆板醤…小さじ1/2〜

作り方

1. ねぎぽん酢、ピリ辛ごまダレの材料を、それぞれ混ぜ合わせる。
2. ふた付きの容器に入れる。

アドバイス

ぽん酢しょうゆがベースのタレです。どちらも酸味があり、さわやか。豆板醤は好みで量を加減してください。

日々野家定番のお弁当

ハートが愛らしい！日々野家の家族気分になれる弁当

調理時間 20分

難易度 ★★

ねぇ 毎回 同じの 作ってて 飽きないの？
楽でいい じゃない 考えなくて いいから

材料(2人分)

温かいごはん…適量
桜でんぶ…適量
鶏肉のから揚げ…2個
ミニトマト（ヘタをとる)…1個
卵焼き…1切れ
マカロニサラダ…適量
レタス…適量

アドバイス

ハート形に切り抜いた型紙を作り、桜でんぶをのせると形がきれいに整います。鶏肉のから揚げは冷凍食品を使っても。凍ったまま詰めれば保冷剤の代わりになり、移動中に自然解凍されます。

作り方

1. 鶏のから揚げを作り、冷ます。
2. 弁当箱にごはんを詰め、1、卵焼き、ミニトマトを詰める。
3. マカロニサラダをカップに入れて詰め、隙間にレタスを入れる。
4. 桜でんぶをハート形にしてのせる。

5巻

57話／桜でんぶのお弁当　母・猪口いるかと練習登山。いるかが持参したのは、昔からまるで変わらない日々野家定番の弁当だった

お母さんの手作り
唐揚げ ミニトマト 玉子焼き マカロニサラダにレタス そして桜でんぶでご飯にピンク色のハートを描いた…
ば
ば
日々野家 定番のお弁当だ！

納豆ブリトー

調理時間
25分

難易度
★★

材料(3本分)

トルティーヤ…3枚
合びき肉…30g
納豆…1パック
豆ドライパック…25g
グリーンリーフ…適量
サルサソース…適量
サラダ油…小さじ1

OLD EL PASO
10 REGULAR
Tortillas

作り方

❶トルティーヤは1枚ずつフライパンで軽く炙る。

❷フライパンに油を引いてひき肉と豆を炒め、色が変わったら納豆と付属のタレを入れ、さらに炒め合わせて冷ます。

❸❶にグリーンリーフを敷き、❷、サルサソースをのせて両端を折り、手前から手早く巻く。

トルティーヤを軽く炙る

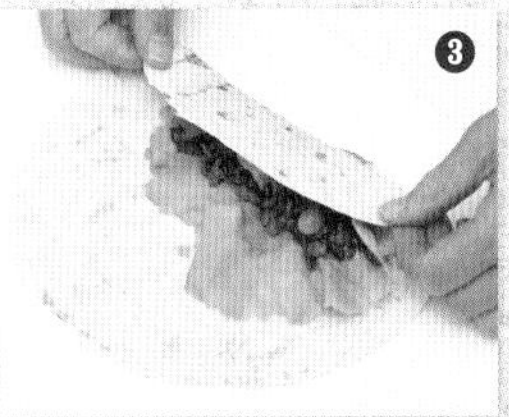
具をのせて端から巻く

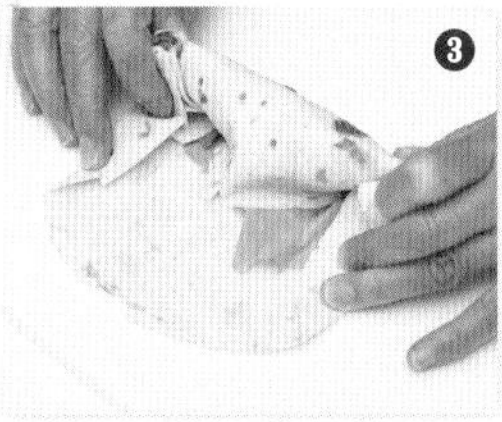
指で両端を押さえながら巻く

ラップで包んで持ち運ぶ

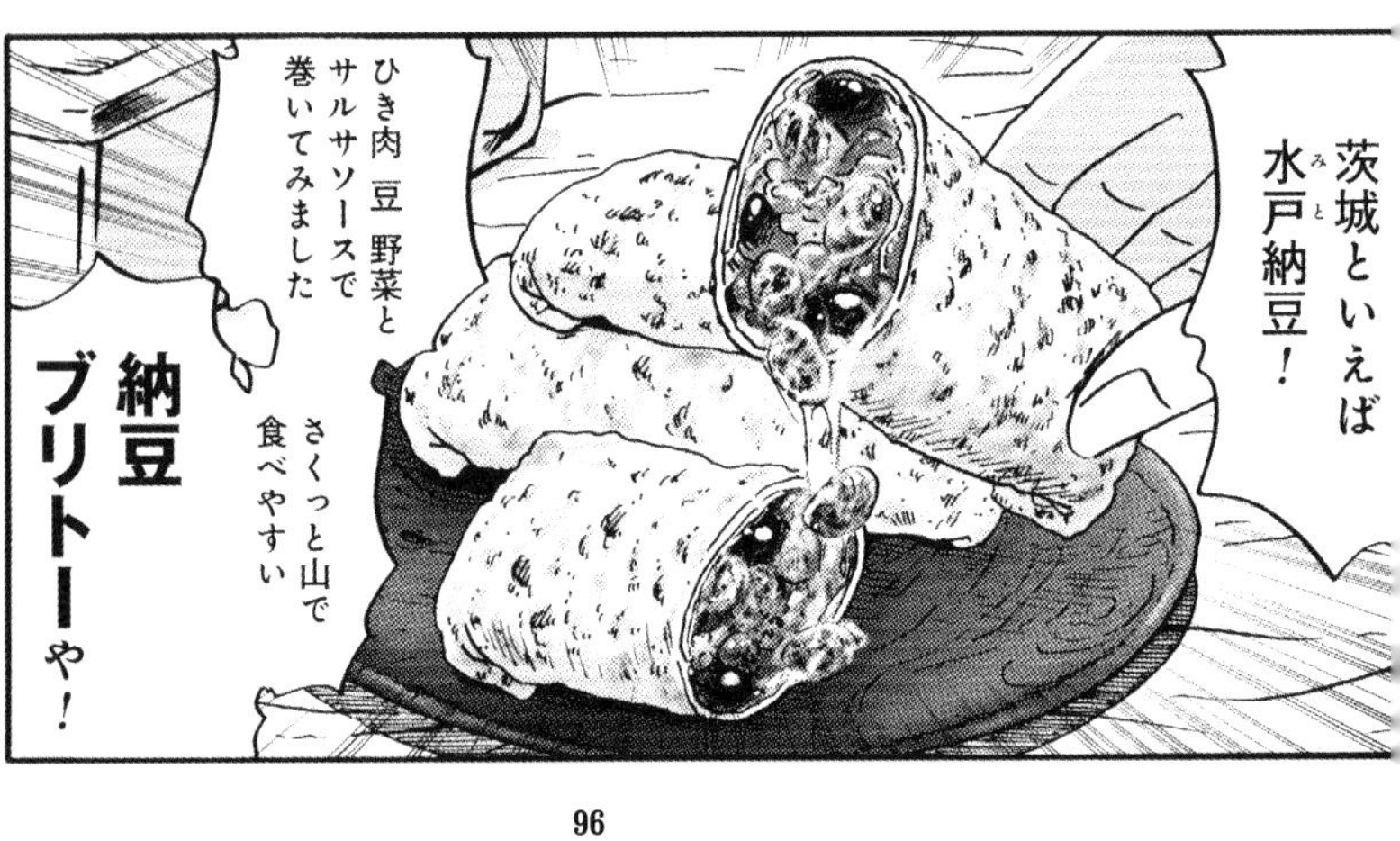

茨城といえば水戸《みと》納豆!
ひき肉 豆 野菜と サルサソースで 巻いてみました
さくっと山で 食べやすい
納豆ブリトーや!

4巻
43話／筑波山 山コン編②お結びの山　鮎美とともに山コンに参加した鯉子。男性陣に女子力をアピールせんと腕をふるった山ごはんを用意

少ない材料で
完成する
個性派ブリトー
おおお〜〜〜〜〜???
これは…美味しい…のか？
「のか？」
なっ⁉
なんやねん「のかて」って

持ち寄りブルスケッタ

マスタードも合うよ
アボカド＆ベーコン２種のディップをワイン片手に
おぉ〜〜っ…美味しそうだ〜〜〜！

調理時間 30分

難易度 ★★★

材料（作りやすい分量）

A
- アボカド…2個
- クリームチーズ…大さじ5
- マヨネーズ…大さじ1
- レモン汁 大さじ…1/2
- 塩・こしょう…少々
- 生ハム…適量

B
- 豚バラベーコン（ブロック）…120g
- トマト…小1個（100g）
- たまねぎ…1/3個
- オリーブ油…大さじ2
- 塩・こしょう…少々

- 粒マスタード…適量
- イタリアンパセリ（みじん切り）…適量
- バゲット…1本
- にんにく…1かけ
- オリーブ油…適量

作り方

自宅で準備すること（Aの具）

❶アボカドは縦に包丁を入れ、刃先が種に当たったらぐるりと一周させる。両手でひねるようにして2つに分ける。種に包丁を刺して除き、スプーンなどでかき出す。

❷❶をフォークで軽くつぶし、クリームチーズと混ぜ合わせ、マヨネーズ、レモン汁、塩・こしょうで調味する。

自宅で準備すること（Bの具）

❸ベーコン、トマト、たまねぎは1㎝角に切る。

❹フライパンにオリーブ油を熱し、❶のベーコン、たまねぎを入れて炒め、火が通ったらトマトを加えて炒め合わせる。塩・こしょうで味を調え、イタリアンパセリを散らす。

❺AとBの具を保存容器に詰め、保冷剤とともに保冷バッグに入れる。

山での調理

❻バゲットを薄切りにして軽く焼き、にんにくの切り口をこすりつけ、オリーブ油をたらす。

❼Aの具と生ハム、Bの具と粒マスタードをそれぞれのせる。

ベーコンとたまねぎを炒めて甘みを引き出す

アボカドはフォークでつぶす

トマトを加えて炒める

アドバイス

Aにはおろしにんにくやマヨネーズなど好みで加えてもいいでしょう。クリームチーズは室温に戻しておくと、混ぜ合わせやすくなります。

1巻

10話／魅惑のブルスケッタ　学生時代のバイト仲間・小岩カジカと鮎美は山で遭遇。カジカの大勢の山仲間に交ざって、豪華なブルスケッタパーティを開始!

桜薫るスピードスモークステーキ〈4S〉

調理時間 5分

難易度 ★★

お礼にすっごいお肉ご馳走する♡

材料(2人分)

牛ヒレ肉(ステーキ用)…250g×2枚
塩・こしょう…少々
牛脂…1かけ
桜の枯れ枝…1本

作り方

1. 牛肉に塩・こしょうをふる。
2. フライパンを熱し、牛脂をなじませて肉をのせ、強火で1分焼く。
3. 桜の枯れ枝に火をつけ、燃えたら吹き消し、小石とともに肉の間に入れてふたをして、150秒蒸し焼きにして火を止める。

肉は室温にしばらく置いてから両面に塩・こしょうをふる

アドバイス

家やアウトドアで流行りの瞬間スモークを楽しめます。ヒレまたはサーロインを焼いて塩・こしょうだけでどうぞ。

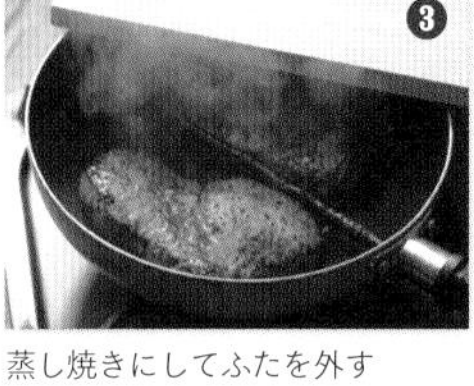

蒸し焼きにしてふたを外す

木の板などでふたをする

厚切りのステーキ肉を瞬間スモークに
なんですかこれ4Sってなんですか
こんなの美味しいに決まってるじゃないですか

太閤秀吉が愛した日本一の桜の名所吉野山の香りを丸写し!
ほわあぁあぁあ
桜薫るスピードスモークステーキ完成だあぁぁあ!

7巻

71話/金剛山&吉野山編②桜薫るスピードスモークステーキ　山仲間の黒蓮七実と関西で再会。吉野山の山中に家をセルフビルドする七実を手伝ったお礼の食事は…

ダッチオーブンロースト

▼ダッチオーブン

焼いたレモンの
風味も味もよし
繰り返し
作りたくなる
肉料理

調理時間 100分

難易度 ★★

7巻 **76話／日光白根山キャンプ編②秋の味覚のレモンロースト** 登山を終えた鮎美たちは麓のキャンプ場で、健次郎の友人で双子の六科兄弟のもてなしを受ける

材料（5～6人分）

ポークスペアリブ…1kg～
じゃがいも…中6～8個
にんじん…2～3本
たまねぎ…2～3個
れんこん…1節
きのこ類
（しめじ・まいたけ・マッシュルームなど）…適量
にんにく…5～6かけ
レモン…1～2個
塩・こしょう…適量
オリーブ油…適量
好みのハーブ・スパイス
（黒こしょう・ローリエ・ローズマリー・タイムなど）…適量

作り方

❶ スペアリブに塩・こしょうを多めにふる。

❷ じゃがいも、にんじん、たまねぎ、れんこん、きのこは大ぶりに切る。レモンは輪切りに、にんにくは薄皮をむかずに小房に分ける。

❸ ダッチオーブンをよく熱し、オリーブ油を入れてなじませる。ふたもよく熱しておく。

❹ ダッチオーブンに❶を入れて両面にこんがり焼き色をつける。切ったじゃがいも、にんじん、たまねぎ、れんこん、きのこを入れ、にんにく、レモン、ハーブ類をのせてふたをする。

❺ 弱火～弱めの中火で1時間以上、蒸し焼きにする。

スペアリブをこんがり下焼きする

にんにくは薄皮をむかずに焼くとホクホクする

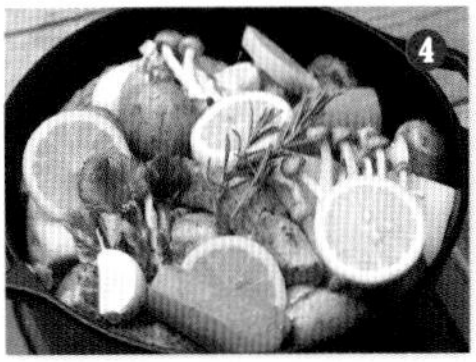

野菜やきのこ類は火が通ると縮むので、大ぶりに切って詰める

余分な脂はペーパーでふき取る

アドバイス

ダッチオーブンのふたも熱しておくと火の通りが早いです。とろりと焼けたにんにくをディップのようにして、スペアリブや野菜に塗りながら食べると美味。

ガーリックチップス

調理時間
5分

難易度
★☆☆☆☆

材料
（作りやすい分量）

ポテトチップス（うす塩）…1袋
オリーブ油…100～150mℓ
にんにく…2かけ
赤唐辛子…1本
乾燥パセリ…適量

作り方

❶ にんにくは薄切りにする。赤唐辛子は種を除く。
❷ シェラカップにオリーブ油、❶を入れて弱火で煮る。
❸ にんにくがきつね色になったら火から下ろし、乾燥パセリを加える。
❹ 深型クッカー（またはボウル）にポテトチップスを入れ、❸と豪快に混ぜる。

アドバイス

火加減が強すぎると、にんにくが焦げてしまうので、ごく弱火で煮ること。ガーリックオイルは高温になるので、ポテチに混ぜるときは火傷に注意を。

❷

にんにくの風味をオイルに移す

❹

ポテトチップスを袋から出す

❹

ガーリックオイルをポテチにからめる

7巻 **77話／日光白根山キャンプ編③幻惑のガーリックチップス** 下山後のキャンプ場の夜、盛り上がる鮎美たち。六科兄弟の作るつまみに酒が止まらない鯉子は泥酔し…

……
……
手が止まらない禁断の味は最高の酒のつまみ

生ラムジンギスカン

▼ジンギスカン鍋

調理時間　20分

難易度　★☆☆☆☆

材料（2人分）

生ラムロース肉（焼き肉用）…240g
たまねぎ…1/2個
ピーマン…2個
にんじん…1/4本
もやし…1/2袋
牛脂…1かけ
ジンギスカン用のタレ…100㎖
ゆでうどん…1玉

作り方

❶ たまねぎは厚さ1㎝のくし形切りにする。ピーマンは縦半分に切ってヘタと種を取る。にんじんは斜め薄切りにする。

❷ カセットコンロにジンギスカン鍋をのせて火にかけ、牛脂を熱して全体になじませ、❶ともやしを少しずつのせる。

❸ 鍋の山の上にラム肉をのせて白っぽくなったら裏返して焼き、タレにつけながら食べる。

❹ ほぼ食べ終わったら、うどんを入れて肉汁をからめ、手元のタレをかける。

ラム肉や野菜から出た汁を〆のうどんにからめる

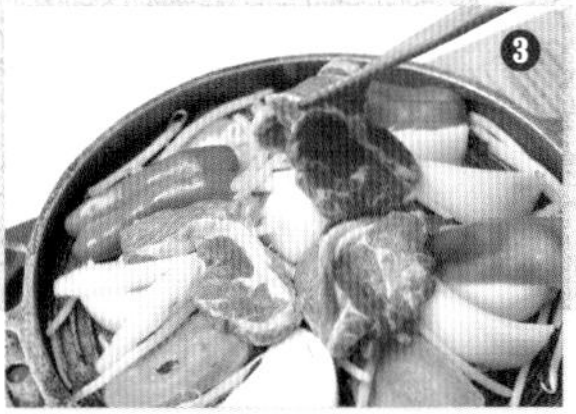

野菜に軽く火が通ったら、ラム肉を焼く

アドバイス

ジンギスカン鍋がない場合はホットプレートで。寒い日でも窓を開けて換気をしながら焼きましょう。ジンギスカン鍋を熱してから野菜や肉を焼くと、くっつき防止になります。

なんまらうまい！
ビールも一緒に最高だぁ〜♪
SAPPORO

8巻

83話／北海道札幌・藻岩山編③答え合わせのジンギスカン　祖父・日々野鶴三に会いに来札した鮎美。鶴三の若いガールフレンドという榊恵留と北海道での時間を満喫する

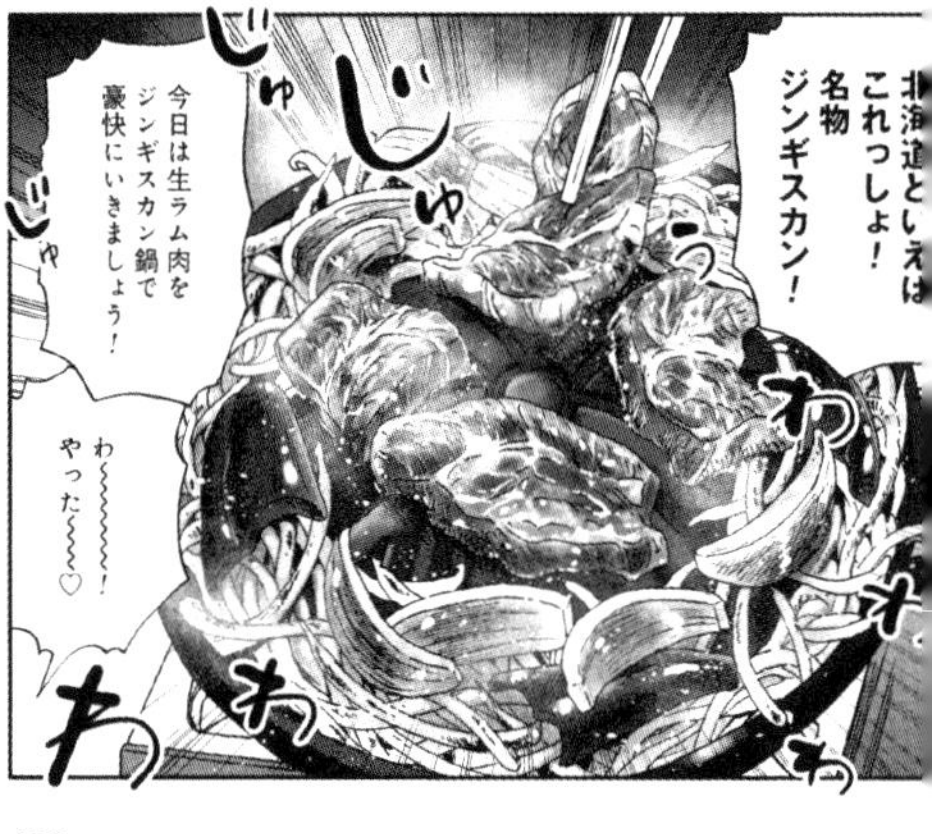

北海道といえばこれっしょ！名物ジンギスカン！
今日は生ラム肉をジンギスカン鍋で豪快にいきましょう！
わ〜〜〜〜〜！やった〜〜〜♡

つけダレはこれ
ベルの
成吉思汗《ジンギスカン》のたれ
これを使えば
だいたいOK！

やわらかくて
クセのない
上品な
生ラムを使って
マイMY コンロ・レオ

ミートボールファルファッレ

調理時間 7分

難易度 ★☆☆☆☆

材料（1人分）

ファルファッレ
（リボン状のショートパスタ）
…40g
市販のミートソース…1人分
市販のミートボール…5個
湯…約200㎖
粉チーズ…適量

アドバイス

山で作る際は、少なめの湯でショートパスタをゆで、湯をきらずにミートソースと混ぜ合わせて食べ切りましょう。ミートソースが残ったら翌朝のドリアにします（P110参照）。

ふああああ
最後に粉チーズをかけたら ほら 美味しそう！
ミートボールファルファッレですっ！

9巻 94話／甲斐駒&仙丈縦走編①あさり缶with白ワイン&バター　南アルプスで偶然再会した鮎美と栄螺。よき山仲間ながらも山ごはんではお互いに対抗意識を燃やす…？

作り方

❶ コッヘルに湯を沸かし、ファルファッレをゆでる。

❷ ❶にミートソースとミートボールを加えて全体が温まるまで弱火にかける。

❸ 食べる直前に粉チーズをふる。

組み合わせのアイデアで簡単なのに充実！

パスタの頭がやや出るくらいの、少なめの湯でゆでる

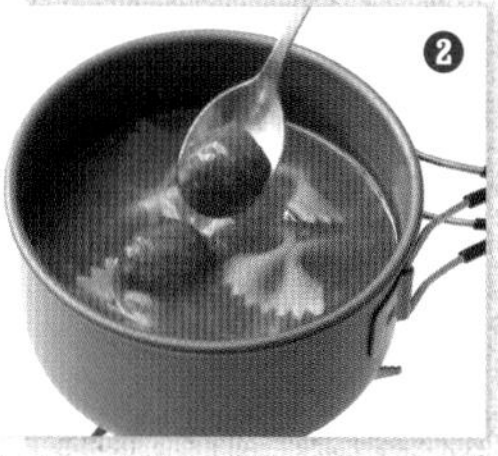

ミートボールを加えてボリュームアップ

ドリア風ミートソースごはん

材料（1人分）

P108で残ったミートソース…適量
アルファ化米…100g
溶けるチーズ…適量
インスタントの粉末コーンスープ…1袋
湯…適量

❶ 余ったミートソースに水を加える

❷ アルファ化米を加える

作り方

❶ 残ったミートソースに湯（約160㎖）を加えて混ぜ、煮立たせて火を止める。

❷ ❶にアルファ化米を入れて混ぜ、チーズを散らしてコッヘルなどでふたをして、15分ほど置く。

❸ カップに粉末コーンスープを入れ、湯で溶き混ぜ、❷に添える。

アドバイス

山での調理は工夫次第で効率的に。コッヘルに残ったミートソースは翌朝かたまっているので、水でよくこそげて食べ切りましょう。

調理時間 20分

難易度 ★☆☆☆☆

9巻

95話／甲斐駒&仙丈縦走編②ビッグカツカレーメシ　早朝、出発前の慌ただしい朝食。栄螺は前夜の食事の残りを活用した簡単メニューを用意

あっ おはよー
ザッ
ザッ
おっ はよ〜

栄螺《さざえ》の朝ごはん
インスタント粉末のコーンスープ
昨日のミートソースの残りを活用したドリア＋チーズ
ドリアも美味しそうじゃん…

山ごはんならではのやりくりでミニマムな朝ごはんを

ビッグカツカレーメシ

材料(1人分)

即席カップライス
「カレーメシ」…1食
駄菓子の
「ビッグカツ」…1枚
湯…適量

カレーメシ
BigKatsu BigKatsu

作り方

自宅で準備すること

❶ジッパー付き保存袋に、「カレーメシ」の中身を移し替える。

山での調理

❷❶に湯（約230㎖）を注ぎ、ジッパーを閉めて5分置く。

❸よく混ぜて、とろみが出たら「ビッグカツ」をトッピングする。

❶ ジッパー付き保存袋に移し替えた「カレーメシ」

❷ 保存袋からこぼれないように注意して湯を注ぐ

調理時間 7分

難易度 ★☆☆☆☆

私は…
インスタントの「カレーメシ」におなじみのあの駄菓子をトッピングして…
ビッグカツカレーメシ！
ほぉ
おぉ
ぐわわぁ〜〜〜おもしろうまそう！
ズビ
なぜか負けた気分
※カレーメシの中身を耐熱ジッパー付きビニールバッグに移し替えて持参しています
ゴミの処理も簡単で省スペースです

9巻 95話／甲斐駒&仙丈縦走編②ビッグカツカレーメシ　鮎美と栄螺は一緒に甲斐駒をめざした。無事登頂後の山頂での山ごはん、栄螺のおもしろアイデアメニューに鮎美は悔しがる

アドバイス

カップ入りの「カレーメシ」の中身を移し替えて山に持っていきます。かさばらず、ゴミの持ち帰りも効率的な山ならではのアイデアです。

ふぁあああ
美味しい〜〜〜♪
あぁあ
軽くておいしい
スグレモノ！
このB級感が
たまらない

ダケカンバのロールパンケーキ

調理時間 20分

難易度 ★★★★★

+ITEM
▼シリコン製のチョコペン

仕上げに花かつおをピラピラと…
えっ？
スイーツにかつおぶし!?
花かつお

樹皮模様がきれいに焼けるまで何度も挑戦してみよう！

9巻

98話／山小屋スイーツを開発せよ 山小屋に若い女性を呼び込むため、支配人代理・薮蚊繁は絶品スイーツを開発するが、年配女性客に大好評を得てしまう…

ホットケーキの生地に縞模様をつけダケカンバの樹皮に見立てる！

生地は薄く焼きつぶあんとバニラアイスを包み込む！

命名「ダケカンバのロールパンケーキ」

（面倒くさいから一日10食限定でどうだァ！）

ダケカンバとは…シラカバによく似た落葉広葉樹で、シラカバよりも高山帯に広く分布する。めくれ上がった赤茶〜うす橙色の樹皮が特徴である。

材料(1人分)

ホットケーキミックス…40g
豆乳…70mℓ
粒あん…適量
バニラアイス…適量
サラダ油…小さじ1
花かつお…適量
メープルシロップ…適宜

作り方

❶ ホットケーキミックスを豆乳で溶き、シリコン製のチョコペンに大さじ2入れる。

❷ フライパンに油を入れて弱火で温め、❶をジグザクに落として軽く焼き色がつくまで火を通す。濡れ布巾にフライパンをのせてフライパンの温度を下げる。

❸ 再び弱火にかけ、❷の上から残りの生地を薄く流し込み、玉じゃくしで薄く広げて焦がさないように焼く。裏返し、軽く焼いて火を通す。

❹ 生地のあら熱をとって、粒あんとバニラアイスをくるっと包む。

❺ 花かつおを散らし、好みでメープルシロップを添える。

2
濡れ布巾に当てて温度を下げる

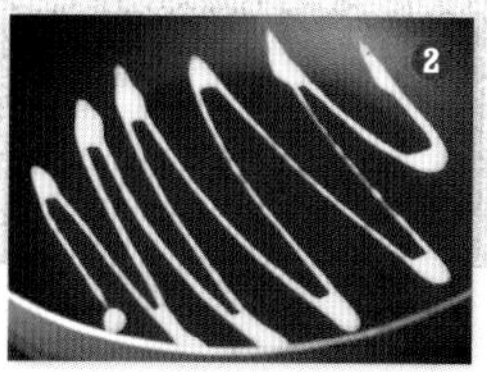
2
樹皮模様の生地がほんのり色づく

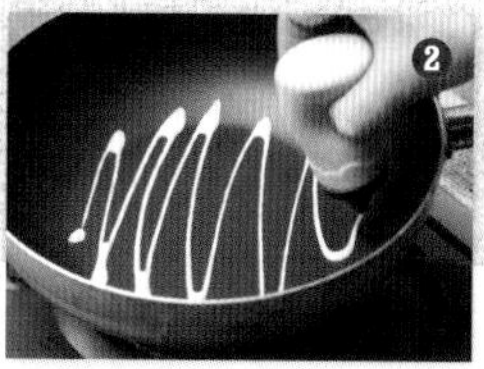
2
シリコン製のチョコペンから生地を絞り出す

4
パンケーキの中身は粒あんとバニラアイス

3
樹皮模様の生地の上に、同じ生地を薄く流し入れて広げる

アドバイス

シリコン製のチョコペン（１００円ショップなどで購入可）がない場合は、ポリ袋で代用を。ようじで穴を開けて絞り出して樹皮模様を作ります。

大人気!

山と食欲と私グッズ

ますます種類が増えた「山食」ファングッズ。山やアウトドアはもちろん、街でもどんどん使って楽しもう!

オリジナルバッジ
「うまい岳 014(おいしー)M」

信濃川先生のイラストをもとにした立体的でかわいい山バッジです。装着は安定感のあるフックピン。おにぎりをほおばる鮎美ちゃんの笑顔は、登山で使うキャップやハット、バックパック、サコッシュなどなど、どこにつけても楽しめます。

サイズ：30×20㎜　価格：759円（税込み）

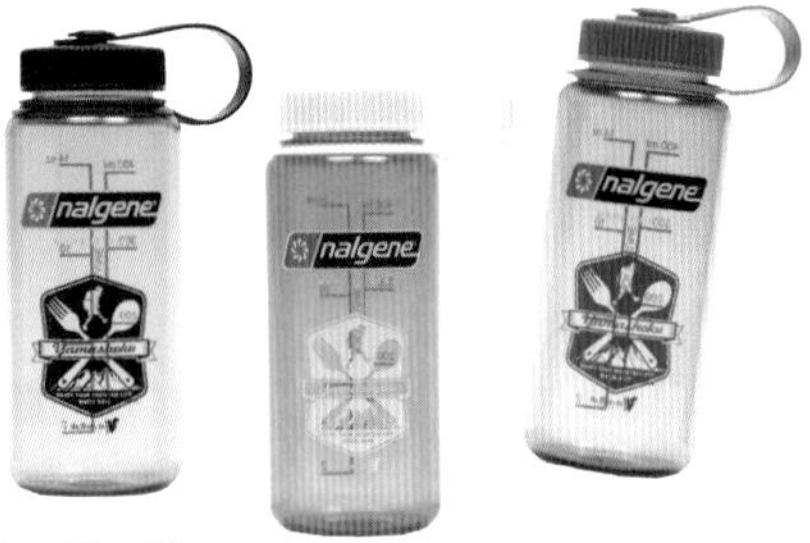

ナルゲンボトル

アウトドア好き必携の「ナルゲンボトル」に「山食」コラボモデルが登場。冷水や熱湯のほか、広口なのでナッツなどの行動食が入る便利なアイテムです。500㎖の容量で約90gという軽さも魅力。アウトドアでも普段使いでも活躍してくれます。

容量：500㎖　重さ：約90g　カラー：ブルー、グレー、オレンジ　価格：2200円（税込み）

山と食欲と私とステッカー

従来は接着が難しかった素材や凹凸面にも貼れる、防水加工が施された特殊仕様のステッカー。テントやバックパック、ウェアなど好きなものに貼りつけて、自分だけのアイテムを作ってみて。鮎美ちゃんのイラストは信濃川先生の描き下ろしです。

サイズ：160×180㎜　価格：2640円（税込み）

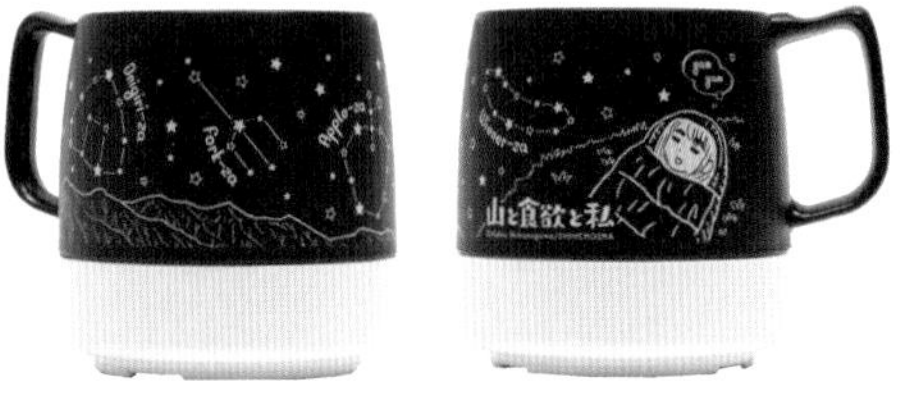

DINEXマグカップ〈stars〉

断熱材入りの二重構造で、保温・保冷性に優れた人気の「DINEX」マグ。「山食」コラボモデルの新作は、黒×白カラーに寝袋に入った鮎美ちゃんとウィンナーやおにぎりなどの星座が描かれた〈stars〉モデル。ポリプロピレン製で軽くて割れません。

サイズ：幅80×高さ90㎜　容量：約236㎖　重さ：約80g　価格：1518円（税込み）

「単独登山女子」Tシャツ

前面には鮎美ちゃんの代名詞「単独登山女子」の文字が入りインパクト大! カラーはホットピンクとグレーで、もちろん男子も大歓迎です。バックプリントは疲れない歩き方「ジグちょこ歩き」を実践中の鮎美ちゃんのシルエット。吸汗速乾性に優れた素材のドライTシャツです。

サイズ：S、M、L、XL
カラー：グレー、ホットピンク　価格：3080円（税込み）

「YSW」Tシャツ

吸汗速乾性に優れた素材のドライTシャツです。「Y（山）S（食欲）W（私）」の英字プリントで、スタイリッシュ&シンプルなデザイン。背中にはおにぎりマークと、作品中の鮎美ちゃんのセリフが英文で書かれています。何巻の何ページのセリフか、ぜひ当ててみてね。

サイズ：S、M、L、XL
カラー：イエロー、エメラルドグリーン　価格：3080円（税込み）

掲載の情報は2020年1月10日時点のものです。
サイズや重量などの数値は商品によっては誤差が生じる場合があります。
購入は「バンチオンラインストア」https://www.comicbunch.com/store/category/yamashoku/へ。

・話数や各話タイトルは、単行本（バンチコミックス）掲載のもので、WEB漫画サイト「くらげバンチ」発表時とは異なります。
・レシピ掲載欄の[2]は本書に、[1]は前作『日々野鮎美の山ごはんレシピ』で紹介しています。
・料理名は、作中のセリフで呼ばれているものを基本にしています。
・訪れた山は、作中の絵やセリフなどから推定したものは（　）内に記載しています。

山と食欲と私 ①〜⑪巻・全125話 作中データ一覧

話	レシピ掲載	各話タイトル	作中登場料理と呼称	訪れた山（推定：根拠）	鮎美以外のおもな登場人物
①巻					
1	[2]	山の上のおにぎり	塩多めおにぎり	とある山	
2	[1]	欲張りウィンナー麺	欲張りウィンナ〜麺	とある山	
3		雲上の楽園コーヒー	雲上の楽園コーヒー	いつもより少し高い山（北アルプス：槍ヶ岳の遠景）	
4	[2]	背徳のカーボローディング	炭水化物祭り弁当：たまごサンドイッチ、おにぎり、ナポリタン	—	小松原鯉子
5	[1]	不屈のにんにくネギ味噌さけ雑炊	即席さけ雑炊	とある山	
6	[1]	反省のカシューナッツ炒め	絶品クサウマカシューナッツ炒め	—	
7	[1]	ほかほかホワイトシチューパスタ	ホワイトシチューパスタ	とある山 （高尾山、陣馬山：高尾山薬王院の石塔、陣馬山頂オブジェ）	
8	[1] [2]	星降る夜のホットワイン	キムチチゲラーメン、簡単グリューワイン	とある2500m超級の山	
9		下山後のご褒美	特製手こねハンバーグと黒毛和牛ロース肉ステーキのコンビ	とある山	
10	[1] [2]	魅惑のブルスケッタ	ズボラ丼、持ち寄りブルスケッタ	とある低山の縦走路	小岩カジカ
11	[1]	炊きたてご飯のオイルサーディン丼	豪快オイルサーディン丼	とある海辺の低い山 （逗子付近：奥に富士山、手前に江ノ島の景色）	
12	[1]	うどん、光る	ザ・力肉うどん	とある山	
②巻					
13	[1]	ホットサンド一期一会	フライドポテトのホットサンド	とある低山	佐藤ヤマメ

話	レシピ掲載	各話タイトル	作中登場料理と呼称	訪れた山（推定：根拠）	鮎美以外のおもな登場人物
14		塩あんこ おはぎころころ	塩あんこのおはぎ、昆布茶	とある山	小松原鯉子、井森太郎
15		もみじの天ぷら	もみじの天ぷら	とある山 （景信山：道標に小仏峠、「景乃舞小屋」の幕）	
16	1	掟破りのぽんかす丼	ぽんかす丼	（記載なし）	
17		消えた桜もち	桜もち	とある里山	謎の老婆
18	1	挑戦の蒸し肉まん	肉まん	とある山 （高川山：秀麗富嶽十二景、男坂・女坂）	男鹿たかし・ますみ夫妻
19		諸行無常の鎌倉揚げ	鎌倉揚げ	鎌倉アルプス	小松原鯉子
20	1	夢見る大人ココア	大人ココア、焼きバナナ	とある山	兎内幸生
21	1*	八ヶ岳縦走編① 高見石の揚げパン	揚げパンチーズ＆きなこ、コケモモジュース	八ヶ岳・白駒池→高見石小屋→中山→ 黒百合ヒュッテ	蛭村直樹
22	1	八ヶ岳縦走編② 食べきれない硫黄岳	チキンライス、リゾット風雑炊、山小屋の夕食	八ヶ岳・天狗岳→硫黄岳山荘	鯰江洋子
23	1	八ヶ岳縦走編③ ゆるゆるのステーキ	モリモリお疲れカレーラーメン（とんこつ）、山小屋の夕食：ステーキ	八ヶ岳・横岳→赤岳→赤岳鉱泉	鯰江洋子
			③巻		
24	1	沈黙のジャンバラヤ	まるごとトマトのジャンバラヤ	JR青梅線のとある駅 （高水三山：軍畑駅、岩茸石山の標識、⑥巻64話に記載）	小松原鯉子
25	1	私のTMAS2016	トレイルミックス鮎美スペシャル〈TMAS〉2016	—	
26	1	焼きおにぎりA-CHI-CHI!	大葉みその焦がし焼きおにぎり	とある低い山	
27		高尾山レクリエーション編① 謎の大鍋	—	高尾山	小松原鯉子、瀧サヨリ、 蛭村直樹
28	2	高尾山レクリエーション編② 思い出のだご汁と麦焼酎	だご汁	高尾山・1号路	小松原鯉子、瀧サヨリ、 蛭村直樹
29	2*	高尾山レクリエーション編③ とろろとお風呂	とろろそば	高尾山・6号路	小松原鯉子、瀧サヨリ、 蛭村直樹

※レシピ掲載欄の＊はコラムでの紹介

話	レシピ掲載	各話タイトル	作中登場料理と呼称	訪れた山（推定：根拠）	鮎美以外のおもな登場人物
30		誰も知らない コーヒーブレイク	ブレンドコーヒー	—	小松原鯉子、瀧サヨリ、 蛭村直樹
31		門出のアクアパッツァ	日本海の新鮮な海の幸と採れたて夏野菜のアクアパッツァ	新潟県のとある山あいの集落	猪口いるか・雅俊夫妻、 双葉紗子
32	1	涸沢カール逗留編① 神降りる地のおやき	上高地名物おやき	北アルプス・上高地→横尾	
33	1	涸沢カール逗留編② 枝豆とウィンナーの 炊き込みご飯	枝豆とウィンナーの炊き込みご飯	北アルプス・横尾→涸沢	沙魚野マキ
34	1*	涸沢カール逗留編③ 沁みる大根の味	涸沢名物・おでん	北アルプス・涸沢から奥穂高岳の途中で引き返す	
④巻					
35	1	涸沢カール逗留編④ ミックスナッツの ペペロンチーノ	砕きミックスナッツのペペロンチーノ	北アルプス・涸沢	時鳥のぞむ、大神隆則
36	1*	涸沢カール逗留編⑤ 伝説の山小屋と 岩魚の塩焼き	岩魚の塩焼き定食	北アルプス・涸沢→横尾→明神→嘉門次小屋 →上高地	
37	1 2	会社のオフィスで山ロス飯	信州野沢菜とタラコのまぜご飯の肉巻きカール、甲州名物ほうとう	—	小松原鯉子、瀧サヨリ
38	1	漂泊のミートソースカレー	超簡単ミートソースカレー	とある山	黒蓮七実
39		文学と桃	桃	とある山 （架空の山：山小屋に「倉毛平小屋」の看板）	甘瓜和真、芋田典史、 藪蚊繁
40	1	特攻のおしるこ梅雑炊	おしるこ梅雑炊	とある山	
41	1	羨望のチーズフォンデュ	鷹桑オリジナルチーズフォンデュ	とある山	鷹桑秀平
42	1	筑波山山コン編① 気合の(!?)多幸うどん	多幸〈たこ〉うどん	筑波山	小松原鯉子、瀧サヨリ
43	2	筑波山山コン編② お結びの山	おむすび、野菜とベーコンのスープ、納豆ブリトー	筑波山	小松原鯉子、小鷲さん
44		筑波山山コン編③ 風呂あがりの牛乳と若仙人	ご当地牛乳	筑波山	小松原鯉子、鮒古志雪、 小鷲さん
45		筑波山山コン編④ 筑波嶺の夜宴のあと前編	バーベキュー：常陸牛、活きアワビの踊り焼き、れんこん、かぼちゃなど	—	小松原鯉子、鮒古志雪、 小鷲さん、内田さん

話	レシピ掲載	各話タイトル	作中登場料理と呼称	訪れた山（推定：根拠）	鮎美以外のおもな登場人物
46		筑波山山コン編④ 筑波嶺の夜宴のあと後編	—	—	小松原鯉子、鮒古志雪、小鷺さん、内田さん
⑤巻					
47	[1]	玉子の殿さま	ほかほか牡蠣フライの簡単玉子とじ丼	とある山（谷川岳：山頂標識）	
48	[1]	その名は、ぶり大根	ぶり大根、ぶり大根うどん	とある山	猪口いるか
49	[2]	土鍋を担いできたアイツ	鶏がらスープの水餃子鍋	（記載なし）	小松原鯉子、瀧サヨリ（旧姓）、瀧本健次郎
50	[1]	丹沢主脈縦走編① 静かなるツナたらこパスタ	ツナたらこパスタ	丹沢・焼山登山口バス停→焼山→黍殻避難小屋→姫次山→蛭ヶ岳	
51		丹沢主脈縦走編② 鹿肉と女子高生	鹿肉のショウガ焼き	丹沢・蛭ヶ岳山荘	甲ヒロム、山小屋の同宿人たち
52	[1]*	丹沢主脈縦走編③ 鍋焼きうどん、ここにあり	鍋割山名物鍋焼きうどん	丹沢・丹沢山→塔ノ岳→鍋割山	甲ヒロム
53	[1]	甘じょっぱフレンチトースト	焦がしメープルシロップの塩フレンチトースト	とある山	虻沢登志郎
54		箱根旧街道＆外輪山編① L' intérieur du Croissant	クロワッサン	箱根・箱根湯本駅、旧街道	小松原鯉子、瀧本サヨリ
55	[2]*	箱根旧街道＆外輪山編② 甘酒タイムトリップ	力餅、甘酒	箱根・旧街道、畑宿→見晴し茶屋→甘酒茶屋→箱根関所	お玉
56	[1]	箱根旧街道＆外輪山編③ 山ガールとビール飯	ザ・ビール飯ビーフジャーキーMIX	箱根・公時神社→金時宿り石→金時山	海老森華
57	[2]	桜でんぶのお弁当	日々野家定番のお弁当：唐揚げ、ミニトマト、玉子焼き、桜でんぶなど	とある山（陣馬山：山頂オブジェ）	猪口いるか
58	[1]	友好のローストビーフ	超豪華ローストビーフ丼	とあるテント場	香山栄螺
⑥巻					
59	[2]	男の野営アラカルト	男の野営アラカルト：直火で豚バラ、アスパラ、じゃがいもなど	とある渓谷のキャンプ場	鷹桑秀平
60	[1]	騒乱の雲取山編① 偵察のヨーグルトカレー	インド風本格ヨーグルトカレー	奥多摩・払沢の滝→浅間嶺→蛇の湯温泉	
61	[1]	騒乱の雲取山編② 夕闇のタコさんウインナー麺	欲張りタコさんウインナ～麺	奥多摩・鴨沢→七ツ石山→雲取山	

※レシピ掲載欄の＊はコラムでの紹介

話	レシピ掲載	各話タイトル	作中登場料理と呼称	訪れた山（推定：根拠）	鮎美以外のおもな登場人物
62	1	騒乱の雲取山編③ トメさんのわさび漬け	アルファ化米お赤飯＋スライス餅、奥多摩名物わさび漬け	奥多摩・雲取山→奥多摩湖	原島トメ
63	1	夏山限定! フルー"酎"ポンチ	フルー〝酎〟ポンチ	とある山	
64	1	真夜中のラタトゥイユ	ラタトゥイユ風炊き込みご飯	—	小松原鯉子、蜂峰丈
65	1*	お母さんと立山編① 甘くない黒部のダムカレー	黒部ダムカレー	北アルプス・黒部ダム→室堂→雷鳥沢キャンプ場	猪口いるか
66	1	お母さんと立山編② 炙りチャーシューと中華粥	中華粥、自家製炙りチャーシュー	北アルプス・剱御前小屋→別山	猪口いるか、平目あおい
67	1	お母さんと立山編③ ホッとマシュマロinココア	ホッとマシュマロinココア、塩クッキー	北アルプス・別山→富士ノ折立	猪口いるか、平目あおい、日々野透
68		お母さんと立山編④ ご褒美の昆布〆フルコース	富山名物フルコース：さす（カジキマグロ）、白えび、鯛の昆布〆など	北アルプス・大汝山→雄山	猪口いるか、平目秋人、平目あおい
69	1	風と味噌汁	天かす入り味噌汁	とある山	伊藤松おばけ山岳会の4人
⑦巻					
70	1	金剛山＆吉野山編① ポールウインナー好きやねん	好きやねんポールウインナー麺	金剛山	鰐壁大器、蛭村直樹、小松原鯉子、黒蓮七実
71	2	金剛山＆吉野山編② 桜薫るスピードスモークステーキ	桜薫るスピードスモークステーキ〈4S〉	吉野山	黒蓮七実
72		自由の女神マキネッタ	マキネッタで淹れた本格エスプレッソ	（記載なし）	都影ユウジ
73	1	闇抜けの 肉じゃが甘酒うどん	肉じゃが甘酒うどん	とある山（大岳山：山頂標識、MITAKE TOZAN RAILWAYのケーブルカー）	
74	1	プライドのりんごソテー	りんごのカラメルソテー	とある山	蝗太志
75	1 2	日光白根山キャンプ編① 自家製ピーナッツ味噌のおにぎり	自家製ピーナッツ味噌のおにぎり、エビフライドッグ	日光白根山	小松原鯉子、瀧本健次郎・サヨリ夫妻
76	2	日光白根山キャンプ編② 秋の味覚のレモンロースト	ダッチオーブンロースト：ポークのスペアリブ、キノコなど	日光白根山麓のオートキャンプ場	小松原鯉子、瀧本夫妻、六科広宣・元兄弟
77	2	日光白根山キャンプ編③ 幻惑のガーリックチップス	ガーリックチップス	日光白根山麓のオートキャンプ場	小松原鯉子、瀧本夫妻、六科広宣・元兄弟

話	レシピ掲載	各話タイトル	作中登場料理と呼称	
			訪れた山（推定：根拠）	鮎美以外のおもな登場人物
78	1	整頓のリメイクビスコッティ	ドライマンゴー入りビスコッティチョコレート味	
			—	
79	1	決断のコンビーフポテト	コンビーフポテト、チーズ、ベビーカルパスなど	
			北アルプスのとある山	瀧本サヨリ、福地貝帆
80	1	一人きりの お正月スペシャル	おしるこwithウィンナー＆チーズお正月スペシャル	
			とある山	猪口夫妻
			⑧巻	
81		北海道札幌・藻岩山編① ジャズとカクテルと私	カクテル「サッポロ」	
			—	日々野鶴三、榊恵留
82		北海道札幌・藻岩山編② 雪荒ぶスープカレー	濃厚コクうまココナッツスープのチキンカリー	
			札幌市郊外のとある公園	榊恵留
83	2	北海道札幌・藻岩山編③ 答え合わせのジンギスカン	生ラムジンギスカン	
			藻岩山	榊恵留
84	1	鶏胸肉のメスティン蒸し	酒粕味噌に漬け込んだ鶏胸肉のぴちぴちメスティン蒸し	
			（記載なし）	小松原鯉子
85	1	菜の花ラーメン	菜の花キムチとんこつラーメン	
			とある山	
86		厳冬期八ヶ岳編① 新宿・鳥めし・あずさ1号	鳥めし	
			—	小松原鯉子、瀧本夫妻
87		厳冬期八ヶ岳編② 生き返りのビーフシチュー	ビーフシチュー	
			八ヶ岳・黒百合ヒュッテ	瀧本夫妻
88		厳冬期八ヶ岳編③ 羊羹といりこだし	羊羹、いりこだし	
			八ヶ岳・東天狗岳→箕冠山→硫黄岳	瀧本夫妻、有波嘉涼太
89		厳冬期八ヶ岳編④ 愛のラッセル改悛の夜	—	
			八ヶ岳・赤岳鉱泉	小松原鯉子、瀧本夫妻、 有波嘉涼太
90	1	自家製ベーコンvsこども	自家製ベーコンとアボカドのカルボナーラ	
			—	鷹桑秀平、こども
91	2	冷凍の炒飯＆餃子セット	冷凍食品の炒飯と餃子	
			とある山	
			⑨巻	
92	2	重圧のおふもち焼き	おふもち焼き	
			とある山（富士山の遠景）	
93		終活のジェラート	ジェラート	
			とある山	鶯谷三次郎
94	2	甲斐駒＆仙丈縦走編① あさり缶with 白ワイン＆バター	あさり缶with白ワイン＆バター、ミートボールファルファッレ	
			南アルプス・北沢峠	香山栄螺

※レシピ掲載欄の＊はコラムでの紹介

話	レシピ掲載	各話タイトル	作中登場料理と呼称	訪れた山（推定：根拠）	鮎美以外のおもな登場人物
95	2	甲斐駒＆仙丈縦走編② ビッグカツカレーメシ	アルファ米赤飯＋ちび餅、ドリア風ミートソースごはん、きのこと豆のスープパスタ、ビッグカツカレーメシ	南アルプス・北沢峠→双児山→駒津峰→甲斐駒ヶ岳	香山栄螺
96		甲斐駒＆仙丈縦走編③ 例えるならモンブラン	（モンブラン）	南アルプス・藪沢・小仙丈ヶ岳分岐	香山栄螺
97	2	甲斐駒＆仙丈縦走編④ 花咲く女王ラーメン	女王ラーメン：塩ラーメン、トマトスープの素、乾燥野菜チップス	南アルプス・小仙丈ヶ岳→仙丈ヶ岳	香山栄螺
98	2	山小屋スイーツを開発せよ	ダケカンバのロールパンケーキ	長野県のとある山のとある歴史深い山小屋（④巻39話にも登場）	藪蚊繁、芋田典史、瀧本サヨリ
99	2*	鮎美の富士山リベンジ編① 生しらす丼と富士宮やきそば	生しらす丼、富士宮やきそば	静岡県富士市田子の浦、富士山本宮浅間大社	室伏慈也子
100		鮎美の富士山リベンジ編② カレーバロメーター	富士宮口五合目の富士山カレー、山小屋のカレー	富士山・富士宮口五合目→富士宮ルート→宝永山→御殿場ルート→七合五勺の山小屋	
101	2	鮎美の富士山リベンジ編③ 成長のご来光スープ	ご来光スープ：インスタントのふわふわ玉子のスープ、梅干し	富士山・七合五勺の山小屋、5年前の吉田ルートによる富士登山	比辻道信
102		鮎美の富士山リベンジ編④ 私が残したカップラーメンの汁	カップラーメン	富士山・浅間大社奥宮→剣ヶ峰	
103	2	アルストは黙して語れり	栗とさつま芋の蒸しご飯～季節の野菜と鶏だんごを添えて～	（記載なし）	
⑩巻					
104	2	炙って焦がして！！	焼き鳥缶親子丼チーズのせ炙り、炙りカプレーゼ、炙りサーモン丼、メスティンプリンのキャラメリゼ	（記載なし）	小松原鯉子
105	2	しみしみの かき揚げライスバーガー	かき揚げライスバーガー	とある山	小松原鯉子
106		謎解き古旅館（前編） ヤマンバの人間鍋	—	ひなびた温泉街（秘湯X山温泉）	尺取、田螺、岩蛆
107		謎解き古旅館（後編） 起死回生の温泉まんじゅう	自家製にんにくとコラーゲンたっぷりのスッポンを煮込んだ「ヤマンバのにんげん鍋」	ひなびた温泉街（秘湯X山温泉）	尺取、田螺、岩蛆
108	2	鮎美の登山ガイド おいなりさんと かぼちゃの味噌汁	日々野家定番のお弁当（⑤巻57話参照）、バランス栄養おいなりさん、かぼちゃと鳥ひき肉の味噌汁	日和田山	双葉朝里
109	2	高桑の登山ガイド ニンニクと鶏レバーの スモーブロー	ニンニクと鶏レバーのスモーブロー	高尾山	鷹桑秀平、鷹桑晴多、葦登あずさ
110	2	秘芋	秘芋（焼きいも）	山小屋（④巻39話、⑨巻98話にも登場）	瀧本サヨリ、瀧本健次郎、藪蚊繁

話	レシピ掲載	各話タイトル	作中登場料理と呼称	訪れた山（推定：根拠）	鮎美以外のおもな登場人物
111	2	夢語りの春ボッケ	ホッケの一夜干し	（記載なし）	舞田有士、小松原鯉子
112	2	九州大分・くじゅう編① とり天うどんともつ鍋	とり天うどん、もつ鍋	くじゅう連山・坊ガツル	日々野透、 古賀浩二＆直美
113	2	九州大分・くじゅう編② めんたいツナ缶の 炊き込みご飯	めんたいツナの炊き込みご飯、ざぼんの砂糖漬け	くじゅう連山・久住山→法華院温泉	日々野透
114		九州大分・くじゅう編③ 楽しめ！鉄輪温泉地獄蒸し！	別府・鉄輪温泉名物地獄蒸し	別府・鉄輪温泉	日々野透、荒金鰺子
			⑪巻		
115		軽井沢・浅間山編① 離山とラスク	ゆず味噌ラスク	軽井沢・離山	
116	2	軽井沢・浅間山編② マグマとろとろ火山丼	火山丼：白米、ラー油、半熟卵	軽井沢／浅間山・トーミの頭→蛇骨岳	安手太一
117		軽井沢・浅間山編③ ガス抜きの浅間嶽	銘酒浅間嶽	軽井沢／浅間山・鋸岳→前掛山	安手太一
118	2	ひやあつ残雪そうめん	ひやあつ残雪そうめん：雪で冷やしたそうめん、 熱々つけ汁（めんつゆ、夏野菜、豚肉）	とある山	小松原鯉子
119	2	限界！ぎゅうパンチョコバナナ	ぎゅうパンチョコバナナ	とある山	苔蒸田篤人
120	2	巻物と履物	ニンニン太巻	（記載なし）	
121	2	恋するウドナポ	うどんナポリタン	（記載なし）	小松原鯉子
122		かわいいこやでむすちまき	ちまき、きなこ、ほうじ茶	（記載なし）	猪口いるか
123		東北ギンギン山巡り編① 無計画の佐野ラーメン	佐野ラーメン	—	黒蓮七実
124		東北ギンギン山巡り編② 安定のコンビニ朝ごはん	コンビニ朝ごはん：マヨコーンパン、アップルパイ、豆乳	あだたら高原スキー場駐車場	黒蓮七実
125		東北ギンギン山巡り編③ 風に吹かれてずんだ餅	岳温泉名物ソースカツ丼、牛タン弁当、ずんだ餅	安達太良山	黒蓮七実

※レシピ掲載欄の＊はコラムでの紹介

監修・漫画・イラスト：
信濃川日出雄
（しなのがわ・ひでお）
漫画家。新潟県出身、現在は北海道在住。『山と食欲と私』（新潮社）作者。趣味は登山や外遊び、庭仕事、家庭菜園、サッカー観戦、将棋、音楽とバンド、薪ストーブ生活など。『少年よギターを抱け』（集英社）、『茜色のカイト』（祥伝社）ほか、著作多数。

撮影：小山幸彦（STUH）
取材・レシピ作成・執筆：
大久保朱夏
（食のクリエイター／ライター）
取材・レシピ作成・料理：
鎌手早苗
（フードコーディネーター）
作品データ一覧作成：
GAMO
（ヴァーチャル クライマー）
アートディレクション・装丁・本文デザイン：
朝倉久美子
校正：與那嶺桂子
撮影協力：
イタリア商事
イワタニ・プリムス
サーモス
新越ワークス ユニフレーム事業部
新富士バーナー
（50音順）
編集協力：
折田安彦（新潮社「くらげバンチ」編集長）
伊東朋夏（新潮社 バンチ編集部）
編集：吉野徳生（山と溪谷社）

山と食欲と私 公式

日《ひ》々《び》野《の》鮎《あゆ》美《み》＋《なかまたち》の

山ごはんレシピ2

2020年2月15日　初版第1刷発行
2020年2月20日　初版第2刷発行

監修：　信濃川日出雄
発行人：　川崎深雪
発行所：　株式会社山と溪谷社
〒101-0051
東京都千代田区神田神保町1丁目105番地
https://www.yamakei.co.jp/

■乱丁・落丁のお問合せ先
山と溪谷社自動応答サービス
☎03-6837-5018
受付時間／10:00-12:00、13:00-17:30
（土日、祝日を除く）
■内容に関するお問合せ先
山と溪谷社
☎03-6744-1900（代表）
■書店・取次様からのお問合せ先
山と溪谷社受注センター
☎03-6744-1919／FAX03-6744-1927

印刷・製本：　株式会社暁印刷

Printed in Japan
ISBN978-4-635-45043-0

定価はカバーに表示しています。

大人気
〝山ごはん〟漫画の
美味すぎメニューの
作り方
ずーっと
好評発売中！

山と食欲と私 公式

日々野鮎美の山ごはんレシピ

信濃川日出雄 監修

本体917円＋税　B6判　128ページ
＊電子書籍版もあり

27歳、会社員の日々野鮎美は、
「山ガール」と呼ばれたくない自称・単独登山女子──。
『山と食欲と私』の主人公が作品中で料理する
簡単でおいしい山ごはん51品の作り方をまとめた
公式レシピブックの第1作です。
コミックス①～⑧巻に登場するメニューのなかから
「おひとりさま」料理を中心に紹介しています。

お求めはお近くの書店またはオンライン書店にて　　山と溪谷社

山と食欲と私

①～⑪巻　以下続刊

信濃川日出雄 著／新潮社バンチコミックス
各巻・本体520円＋税
電子書籍版も配信中

「くらげバンチ」にて好評連載中
https://kuragebunch.com

＊「くらげバンチ」は新潮社が運営するウェブ漫画サイトです。毎週金曜日に更新。